DAS UNHEIMLICHE JAHRHUNDERT

THOMAS FASBENDER

DAS UNHEIMLICHE JAHRHUNDERT

Vor der Zeitenwende

LANDT

INHALT

I.

UNHEIMLICH

II.

EUROPÄISCHE RHAPSODIE

III.

RICHTIG SOMMER

IV.

TÄGLICH BROT

V.

WANDERUNGEN

VI.

VOM NICHT-WAHRHABEN-
WOLLEN

VII.

HOMO DEUS

Europa ist schließlich nur ein Zipfel von Asien. Die Leute denken alle nach Analogien, aber es gibt keine Restitution. Nichts kommt wieder. Es kommt alles anders.

Stefan George, 1918

I.
UNHEIMLICH

Das Ende der Geschichte war einmal. Von Mariupol bleiben ausgebrannte Ruinen, das Kra-kra der Rabenvögel unter graufahlem Herbsthimmel, schwarze Fensterhöhlen, leer wie die Augen verhungernder Kinder. Der Angriffskrieg ist zurückgekehrt, ein Einbrecher im Morgengrauen. Dabei war unser Plan für die Welt doch perfekt. Die Diskussionen waren diskutiert, die Kämpfe gekämpft. Was fortschrittlich war, vernünftig und aufgeklärt, stand für alle Zukunft außer Frage.

Dahinein bricht der Krieg als Vorbote einer noch körperlosen Zeit. Einer Wendezeit. Ein Fanal. Die russische Attacke auf das Regelwerk trifft uns in vorkrisenhafter Verfassung: Sehnsucht nach verlorener Autorität, nachlassende Begeisterung in den eigenen Reihen, die neue Widerspenstigkeit der nichtwestlichen Welt, das Erschlaffen alternder Gesellschaften, ein Auseinanderdriften von Arm und Reich, wie es sozialen Beben vorangeht. Gewissheiten lösen sich in Luft auf. Der Boden wankt.

Die beunruhigenden Phänomene stehen Schlange. An der Erdoberfläche steigt die Durchschnittstemperatur. Die Jahre 2015 bis 2021 waren die sieben wärmsten seit Erfindung des Thermometers. In Afrika explodiert die Bevölkerungszahl. Bis zur Jahrhundertmitte werden dort doppelt so viele Menschen leben wie um 2020, bis zur Jahrhundertwende werden es viermal so viele sein. Schon lange vorher fehlt es an Nahrungsmitteln und Wasser. Von Süden aus gesehen ist Europa ein Schlaraffenland.

Natürlich haben wir die Zukunft in der Hand – sagen die einen. Wir, die Menschheit, seit November 2022 acht Milliarden Individuen. Etwa bei der Erderwärmung: Keine fossilen Brennstoffe, Verzicht auf Fleisch, Ausstieg aus der intensiven Agrarwirtschaft. Oder beim Bevölkerungswachstum: Die Geburtenrate bestimmen Frau und Mann. Oder bei der Migration: Hunger und Armut an der Wurzel bekämpfen. Bei den FCKW, den Ozonloch-Killern aus dem Kühlschrank, ging es doch auch.

Multipolare Unordnung, weltweite Erwärmung, demographische Explosion in Afrika, drohende Wanderungsbewegungen …

Die Optimisten nennen das eine Herausforderung. Schicksal darf es nicht heißen, schließlich sind die Phänomene menschengemacht. Es sei denn, wir Menschen setzen Entwicklungen in Gang, die irgendwann irreversibel, schicksalhaft werden. Sind wir vielleicht nur theoretisch in der Lage, die Veränderungen aufzuhalten? Sind die Beteuerungen unserer Politiker nur Bannformeln mit dem Ziel, die Angst vor ihrer eigenen Ohnmacht zu übertönen?

Es ist so: Wir lügen uns in die Tasche, wenn wir glauben, die Atmosphäre, der Planet oder auch nur wir selbst (als ›Menschheit‹) wären uns untertan. Die meisten erkennen das instinktiv, sie akzeptieren globale Prozesse als offensichtlich unabwendbar. Es ist die Haltung des pragmatischen Fatalismus. Wir reagieren durchaus, aber individuell, jede und jeder für sich. Wir passen uns an, weil Anpassungsfähigkeit seit Millionen Jahren unser Erfolgsrezept ist. Anpassungsfähigkeit, nicht der Glaube an die Machbarkeit unserer Wünsche.

Ohnehin beschränken sich die Machtphantasien – wir retten die Weltordnung und das Klima, wir besiegen den Hunger, wir dämmen die Zuwanderung ein – auf die europäischstämmige Welt, den Globalen Westen. Dort leben nicht einmal mehr 15 Prozent aller Menschen. Die Unterschiede zeigen sich bei der Reaktion auf den neuen europäischen Krieg. In Lateinamerika, Afrika und im größten Teil Asiens hat man sich den Strafmaßnahmen gegen Russland verweigert. Wie tektonische Platten verschieben sich die Gewichte des Politischen, manifest in Hard Power und Soft Power: Wirtschafts- und Innovationskraft, demographische Dynamik, kulturelle Attraktivität, militärische Fähigkeiten. Wer setzt noch auf die Westeuropäer – im Angesicht des Willens zum Erfolg, den die Chinesen seit Jahrzehnten demonstrieren? Im dritten Jahrzehnt des 21. Jahrhunderts weiß die Welt nicht, wem die Zukunft gehört. Oder besser: wann es so weit ist.

Dem Microsoft-Gründer Bill Gates wird der Satz zugeschrieben: Wir überschätzen die Veränderungen in den nächsten zwei Jahren, und wir unterschätzen die Veränderungen in den nächsten zehn Jahren. Um 1950 lebte noch fast jeder dritte Mensch in einem der Länder des Globalen Westens. Damals produzierten die Europäer, Nordamerikaner, Australier und Neuseeländer mehr als zwei Drittel der Weltwirtschaftsleistung. Inzwischen ist es weniger als die Hälfte, Tendenz fallend.

Oder das Medianalter. Anders als das Durchschnittsalter teilt es eine Bevölkerung in zwei gleiche Hälften: die eine ist älter, die andere jünger. Weltweit liegt es bei rund 31 Jahren. Das jüngste Land ist das westafrikanische Niger, dort ist die Hälfte der Bevölkerung keine 15 Jahre alt. Zu den globalen Schlusslichtern gehören Deutschland (47,8) und Japan (48,6). Die USA kommen auf ein Medianalter von 38,5 und China auf 38,4 Jahre. Tatendrang und Risikobereitschaft sind Prärogative der Jugend.

Das unheimliche Jahrhundert – unser Jahrhundert – kündet vom Niedergang der Kohlenstoffzivilisation, ausgelöst und begleitet von den Folgen der Erderwärmung, der demographischen Entwicklung, den Wanderungsbewegungen und der Verschiebung der geopolitischen Gewichte. Doch eine solche Zeitenwende vollzieht sich nicht über Nacht. Ebensowenig verabschiedet sich eine etablierte Weltordnung mit einem einzigen, regional begrenzten Krieg. Alle drei großen Ordnungen der europäischen Neuzeit waren das Resultat langjähriger militärischer Konflikte: der Westfälische Friede 1648, der Wiener Kongress 1815, die Nachkriegsordnung 1945.

Anders als in den zurückliegenden vier Jahrhunderten wird die nächste Ordnung – wann immer sie Gestalt annimmt – keine europäische mehr sein. Der Alten Welt ist Konkurrenz erwachsen, nicht nur wirtschaftlich. Unsere Wertvorstellungen sind herausgefordert. Es ist eine nichteuropäische Konkurrenz, an Anciennität uns teils weit überlegen. Mit der Globalisierung im Ausgang des 20. Jahrhunderts ist sie aus der historischen Defensive getreten. Unvergessen der frühe Aufstieg der Tigerstaaten Südkorea, Hongkong, Singapur und Taiwan zu einer Zeit, als ganze Weltregionen mit dem Erbe des Kolonialismus rangen. 1982 wurde der Autor, damals Backpacker in Südasien, noch wie selbstverständlich als »Sahib« angesprochen, seine Freundin als »Memsahib«. Es war die aus Kolonialzeiten überlieferte, dem weißen Mann und der weißen Frau geschuldete Anrede, ehrerbietig und unterwürfig. Inzwischen ist die Augenhöhe mit den Europäern wiederhergestellt. Heutige Rucksacktouristen in den klimatisierten Malls der indischen Großstädte dürften vergeblich darauf warten, dass man sie dergestalt tituliert.

Für die erste postkoloniale Generation waren europäische Ausbildung und europäisches Gebaren ein Muss. Als 1963 in London über die Unabhängigkeit des südafrikanischen Swasiland verhandelt wurde, saßen die Kolonialherren schwarz-weiß betucht am Konferenztisch. Ihre sechs Gegenüber erschienen im traditionellen Kriegergewand: um die Hüften ein Leopardenfell, der Oberkörper nackt. Der Auftritt war ein wohlkalkulierter Skandal, ein Löcken wider den Stachel, ein frühes Zeugnis erwachenden Stolzes.

Noch 1990 – da war das Potential des chinesischen Comebacks bereits absehbar – gab der Reformer Deng Xiaoping die Devise aus: Verbirg deine Fähigkeiten und warte auf deine Zeit. Eine Generation später ist es so weit. Selbstbewusst präsentiert Xi Jinping den chinesischen Sozialismus als zukunftsweisende Alternative zum westlich-kapitalistischen Modell.

Jedem Anfang wohnt ein Zauber inne, manchem Ende auch. Unser Jahrhundert muss faszinieren, ein Strauß singulärer Phänomene. Der oder die Neugierige (gierig nach Neuem), erschöpft vom Gleichmaß und den Mühen der Ebene, erkennt darin Unwiderstehliches. Dieses Buch skizziert seine Geschichte, die Geschichte des 21. Jahrhunderts. Vor der Pandemie und dem Ukrainekrieg hätte vielleicht niemand zugehört. So wenig wie die Trojaner ihrer Königstochter zuhören mochten. Wer mit Unkenrufen kommt, kann gleich wieder einpacken; das galt schon vor Jahrtausenden. Haareraufend hat Kassandra ihre Mitbürger beschworen, das grob

gezimmerte Holzpferd, das einsam vor Trojas Mauern stand, auf
keinen Fall in die Stadt zu holen. Hohnlachen schallte ihr entgegen.
Der Krieg war zu Ende. Die Dardanellen lagen still im Abendlicht,
kein griechisches Segel weit und breit. Der Rest ist Geschichte.

Das unheimliche Jahrhundert. Bislang ahnen wir nur, dass es irgendwie posteuropäisch sein wird. Und anders. Zum ersten Mal
ändern sich die Rahmenbedingungen der Zivilisation schneller
als die Zivilisation selbst. Zum ersten Mal im Holozän, dem Erd-
zeitalter dieser Zivilisation, gerät der Mensch ins Hintertreffen.
Noch ist es nur ein Schatten, den die Zukunft auf uns wirft. Doch
die Angst kriecht unter der Haut.

Das unbekannte Neue ist das, was sich nicht kontrollieren lässt.
Der indische Autor Amitav Ghosh nennt es »the uncanny«, das
Unheimliche.[1] Was ewig um uns war, zuverlässig und jedenfalls
halbwegs berechenbar, Natur, Welt und Umwelt, was stets vor-
ausgesetzt und mitgedacht wurde, geht plötzlich eigene Wege.
Die Erdmutter Gaia verstößt ihre Kinder; sie wendet sich ab.[2]
Temperaturen und Niederschläge brechen mit den vertrauten
Mustern. Fische verschwinden aus den Meeren, Vögel und Insekten aus der Luft. Die Korallen bleichen. Noch sind wir oben-
auf und machen Späße wie die jungen Menschen in dem Film
The Blair Witch Project (1999). Doch die Welt um uns erwacht
wie eine Puppe, der wir des Nachts, während sie sich ungelenk
von Stufe zu Stufe hangelt, auf der Kellertreppe begegnen.

Das Unheimliche wird zum Leitmotiv. Sigmund Freud hat
es als »jene Art des Schreckhaften, welche auf das Altbekannte,
längst Vertraute zurückgeht« beschrieben.[3] Seine Referenz in der
Kunst war die Automatenpuppe Olimpia in E. T. A. Hoffmanns

---

[1] Amitav Ghosh: *The Grand Derangement. Climate Change and the Unthinkable*,
Chicago 2016; dt. *Die große Verblendung. Der Klimawandel als das Undenkbare*,
München 2017.

[2] Die Gaia-Hypothese geht unter anderem auf den britischen Wissenschaftler
James Lovelock (1919–2022) zurück.

[3] Sigmund Freud: Das Unheimliche, *Gesammelte Werke*, Bd. XII, Frankfurt am
Main 1987 [1919], S. 229.

Erzählung vom Sandmann. Wir Heutigen würden an Stephen King denken. *Shining.* Der Effekt bleibt der gleiche.

Aber was ist jenes Altbekannte, längst Vertraute? Es ist nicht der Räuber, der mit dem Messer in der Hand vor uns steht – es sei denn, der Räuber trüge ein Clownskostüm und eine rote Kugelnase. Unheimlich ist der Schauer, wenn das Seelenlose lebendig wird. Die Puppe, die nachts vom Regal heruntersteigt. Unheimlich ist, wenn das Altvertraute die gewohnten Räume verlässt, vergessene Urängste weckt. Die Älteren sind mit Grimms Märchen aufgewachsen; die Erinnerung steckt in der kollektiven DNA. Verschüttet, doch abrufbar. Das Unheimliche, in Freuds Worten, ist »wirklich nichts Neues oder Fremdes, sondern etwas dem Seelenleben von alters her Vertrautes, das ihm nur durch den Prozess der Verdrängung entfremdet worden ist«.[4]

Und was bedeutet das: dem Vertrauten entfremdet? Für eine weltgeschichtliche Sekunde haben wir zwei uralte Begleiterinnen aus der Komfortzone unserer Zivilisation verbannt: die Angst vor dem Wolf und die Angst vor dem Hunger. Kaum dass die Schutzräume versagen, kaum dass der Firnis brüchig wird, tritt das Altvertraut-Unheimliche erneut in unser Leben ein.

Es geht nicht um den großen Knall, nicht um Blut oder Bombenhagel. Die deutschen Kriegsjahrhunderte sind Vergangenheit. Es geht auch die Welt nicht unter, jedenfalls nicht am veränderten Klima. *Warum sehr zu danken?*

Nicht unser Planet, sondern *wir* sind in Schwierigkeiten. Die Erde selbst ist in dieser Sache gleichmütig, sie hat schon wesentlich schlimmere Katastrophen erlebt. […] Das Einzige, was durch die Klimakatastrophe ernsthaft bedroht wird, ist *unser* Überleben, das Überleben unserer Gesellschaft.[5]

---

4 Ebd., S. 254.
5 Slavoj Žižek: Greta – Apostel einer neuen Politik, Welt.de, 13.10.2019.

Das Unheimliche sind nicht die Eruptionen. Es ist das Vertraute, das sich gegen uns wendet, sich uns entzieht, uns die Safe Zones verwehrt, dem nackten Nichts überantwortet. Aber wollen wir die Zukunft überhaupt kennen?

> Könnte es sein, dass wir uns vielleicht tief in unserem Inneren wünschen, dass Prognosen nicht möglich sind? Denn der für uns wichtigste Teil der Zukunft liegt ja klar zutage: Neben allen vergleichsweise unwichtigen Dingen hält die Zukunft für uns vor allem unseren Tod als Individuen bereit – Irrtum ausgeschlossen.[6]

Wer in die Zukunft schaut, sieht die fernen Wellenkämme eines Tsunamis, feine weiße Streifen Schaum am Horizont. Dem entgegen stehen nur Hoffnung und Mut. Gewiss nicht der Optimismus. Der malt die Zukunft in den Farben der Gegenwart. Die Optimisten leben nach dem Motto »Alles wird gut«. Erst recht die Berufs- und Erzoptimisten. Die wehren sich gegen jeden Worst Case, bis hin zur Bereitschaft, schon dessen Erwähnung zu verbieten: So was darf man gar nicht denken. Die Erzoptimisten lassen nicht vom Status quo. Sie werden es mit der Zeit schwer haben.

Die Hoffnung ist anders, der Mut auch. Beide richten sich auf ein Danach, auf ein Überschreiten, ein Weiterleben in jedem Fall, auch nach dem Scheitern. Der Esel der Bremer Stadtmusikanten irrt nicht, wenn er zum Hahn sagt: »Ei was, du Rotkopf, zieh lieber mit uns fort, wir gehen nach Bremen, etwas Besseres als den Tod findest du überall.« Wie es beschaffen ist, jenes Bessere, weiß er nicht. Entscheidend ist der Glaube an die Möglichkeit.

Der hier folgende Text enthält keine Schwarzmalereien, keine dystopischen Gesichte. Er soll und wird helfen, wenn das Unheimliche uns entgegentritt. Pandemie und Krieg sind nur das

---

6 Herwig Birg: *Die alternde Republik und das Versagen der Politik. Eine demographische Prognose*, Berlin 2014, S. 127.

Eingeläut. Natürlich wird man mit klugen Argumenten dagegen-halten: »Ja, aber …« Man wird auch behaupten, alles sei Lüge und Verschwörung. Nur das Eigentliche ist unanfechtbar: Kassandra hat die Wahrheit gesagt.

Doch was ist schon untergegangen vor 3 000 Jahren? Eine Stadt. Die Antike hatte noch nicht einmal begonnen. Troja wuchs neu auf alten Fundamenten, urbanes Leben noch über ein Jahrtau-send lang. Dagegen existiert unsere Kohlenstoffzivilisation, die wie von Sinnen Raubbau an ihren eigenen Grundlagen betreibt, lächerliche 250 Jahre. Wenn sie verschwindet, bleibt der Mensch. Und mit ihm die Hoffnung. Wir sind beides: zur Hoffnung ver-dammt und befähigt.

II.
EUROPÄISCHE RHAPSODIE

Es ist Sonntag, der 28. Mai 1905. Die Nachricht in den Strichpunkten der Morseschrift schlägt ein wie eine Bombe. Eine asiatische Flotte hat die Kriegsmarine einer europäischen Großmacht versenkt. Besser gesagt: vernichtet. In einer Seeschlacht nach allen Regeln moderner Kriegskunst. Mit asiatischen Maaten, asiatischen Offizieren, drei asiatischen Admiralen. Mit einem Ausgang, der die Überlegenheit der Sieger zweifelsfrei dokumentiert.

Wir machen uns keinen Begriff davon, was das für die Zeitgenossen bedeutet. Seit Menschengedenken waren nichteuropäische, nichtweiße Völker dem Verliererschicksal geweiht. Niemand erwartet, dass es im Russisch-Japanischen Krieg anders sein wird. Schon über ein Jahr kämpfen die beiden Kaiserreiche um die Herrschaft in Korea und der Mandschurei. Ende 1904 schickt der Zar seine Ostseeflotte um die halbe Welt. Da hat er bereits Rückschläge eingesteckt, doch alle Warnungen gehen im Hurrapatriotismus unter. Ein russischer Offizier schreibt: »Gelbe Affen, die im russischen Volk kaum jemand für richtige Menschen hält, haben der führenden Weltmacht den Krieg erklärt.«[7]

Am Ende einer 18 000 Seemeilen langen Fahrt durch den Atlantik, den Indischen Ozean und das Südchinesische Meer erreichen die russischen Schlachtschiffe, Kreuzer und Zerstörer die Straße von Korea. Jenseits der Meerenge wartet der russische Pazifikhafen Wladiwostok. Diesseits, zu beiden Seiten der Insel Tsushima, wartet die Kaiserlich Japanische Marine.

Die Schlacht beginnt am 27. Mai um 13.59 Uhr. Keine 24 Stunden später lässt der russische Kommandeur Nebogatow die Flaggenkombination XGE hissen: Ich gebe auf. Einige seiner Schiffe kämpfen weiter, bis in die Nacht hinein und buchstäblich bis zur letzten Patrone. An der Kampfmoral der russischen Besatzungen lag es nicht. Verantwortlich waren die unterlegene Technik, das taktische Unvermögen der Offiziere

---

7 Julij L. Jelez: Na teatre wojennych dejstwij, *Russkij Wjestnik* 7/1904, S. 199.

und Mängel bei der Ausbildung. Sie besiegelten eine der verheerendsten Seekriegsniederlagen der Geschichte: 21 russische Schiffe und 5000 Mann lagen auf dem Meeresgrund. Mehr als 6000 Russen, darunter drei Admirale, gingen in Gefangenschaft. Die Japaner beklagten 116 Gefallene, 538 Verwundete und drei Schiffe.

Der japanische Triumph traf die europäische Weltherrschaft in ihrem Zenit. Er hätte ein Menetekel sein können, doch die Zeit war für Menetekel nicht reif. Kaum war der erste Schock verflogen, betrachteten die Europäer die Schlacht als Betriebsunfall, als die eine Ausnahme, die die Regel erst zu dem macht, was sie ist. Umso mehr, als das Zarenreich seit Jahrzehnten als rückständig und abgehängt galt.

Der Kontinent war trunken angesichts einer nie da gewesenen Machtfülle. Die Europäer und ihre Kolonisten beherrschten das Erdenrund. Zuletzt hatten sie neun Zehntel von Afrika unter sich aufgeteilt. Fast ein Drittel der Weltbevölkerung gehörte zum Britischen Imperium oder war angelsächsisch geprägt. London war die größte Stadt der Welt. Die kolonisierten Völker waren Staffage, ihre kleinen Geschichten nur Kulisse der einen großen Geschichte, die Europa mit Blut und Blei und Eisen quer über alle fünf Kontinente schrieb.

Die Übermacht war so gewaltig, dass es nicht einmal potentielle Rivalen gab, von ernsthaften Prätendenten ganz zu schweigen. Das Osmanenreich war abgewirtschaftet, verkommen und korrupt. Die kraftlose Qing-Dynastie konnte nur noch zusehen, wie die Engländer mit ihrem Opium, das sie als Zahlungsmittel im Außenhandel durchgesetzt hatten, China bis ins Mark zersetzten. Müde und machtlos saßen der Sultan und die Kaiserinwitwe auf ihren bröckelnden Thronen.

Die Europäer waren der Adel des Menschengeschlechts, ihre Weltherrschaft vollendet. Kein Wunder, dass ihnen der Kamm schwoll. Wie vor tausend Jahren die Hunnen unter König Etzel sollten die deutschen Soldaten sich in China aufführen, gab ihr Kaiser seinem Expeditionskorps im Juli 1900 auf den Weg: »Pardon wird nicht gegeben! Gefangene werden nicht gemacht!« Und: »dass es niemals wieder ein Chinese wagt, einen Deutschen scheel anzusehen!«[8]

Zweieinhalb Jahrhunderte lang hatten Europäer den Fortschritt vorangetrieben. Wissenschaft, Technik, Militär – wer konnte ihnen das Wasser reichen? Sie bemerkten nicht, wie die Asiaten sie verachteten: ungewaschene Barbaren, rotköpfig und stinkend in ihren grobleinenen Uniformen. Sie bemerkten auch nicht, dass in den Kolonien eine Generation heranwuchs, deren begabteste Vertreter, gepeinigt von kollektiver Scham, ein einziges Ziel kannten: zu den Europäern aufzuholen und sie irgendwann, in ferner Zukunft, zu überholen.

1905 waren sie noch jung, die künftigen Köpfe der antikolonialen, antiwestlichen Bewegungen. Es waren Männer, die von ihrer Zukunft noch nicht einmal träumten: der chinesische Nationalist Sun Yat-sen, der nach dem Sturz der Qing zum Gründer des modernen Chinas wurde; der Türke Mustafa Kemal, Offizier des osmanischen Sultans und unter dem Namen Atatürk später der Vater seiner Nation; die Inder Mohandas Gandhi und Jawaharlal Nehru. Eine versprengte Avantgarde, deren Denken und Handeln sich auf die Überwindung der europäischen Vormacht konzentrierte. Der Triumph der japanischen Marine wurde ihnen zum Fanal der Freiheit. Ein südafrikanischer Rechtsanwalt kommentierte das Ereignis: »Die Wurzeln des japanischen Sieges sprießen bereits so weit in alle Richtungen, dass ihre Früchte noch gar nicht absehbar

[8] Johannes Penzler (Hg.): *Die Reden Kaiser Wilhelms II.*, Bd. 2: 1896–1900, Leipzig o. J., S. 212. In Wilhelms Umgebung sorgten die Worte für Entsetzen. Der Staatssekretär des Äußeren setzte alles daran, die Veröffentlichung der aus dem Stegreif gehaltenen Ansprache zu unterbinden. Vergebens – die Journalisten hatten ihre Notizen längst telegraphiert. (Vgl. Bernhard Fürst von Bülow: *Denkwürdigkeiten*, hrsg. v. Franz von Stockhammern, Bd. 1, Berlin 1930, S. 359 ff.)

sind.«[9] Als Mahatma Gandhi wurde dieser Rechtsanwalt zum berühmtesten Inder seiner Zeit.

Kaum ein Land war von der Kolonisierung oder Quasikolonisierung verschont geblieben. Zu den wenigen gehörte Japan. Bis zur erzwungenen Öffnung durch die Schwarzen Schiffe des US-Commodore Matthew Perry 1853 durften Ausländer nur in vier streng kontrollierten Häfen an Land. Auf Regelbruch stand die Todesstrafe. Reformen begannen erst mit der Restitution des Meiji-Kaisers nach 1868. Mit atemberaubender Geschwindigkeit absorbierte die japanische Gesellschaft die Gegenwart.

Vielleicht hat die 200-jährige Abschottung unter den Tokugawa-Shogunen das Land vor der kolonialen Unterwerfung bewahrt. Fakt ist, dass Japan dem Industriezeitalter als selbstbewusste, autonome Zivilisation begegnet. Doch um sich in der Welt zu behaupten, bedarf es westlicher Fertigkeiten und Fähigkeiten. Japan erfindet sich neu, binnen einer Generation und in jeder Hinsicht: Technologie, Wissenschaft, Militär, Bildung, Wirtschaft, Verwaltung, Organisation. Quasi über Nacht verschmilzt Japan die westlichen Errungenschaften mit der Tradition. Dabei wird das Eigene weder verdrängt noch vergessen. Seinem Wesenskern bleibt Japan treu; er wird durch die europäischen Dinge nur ertüchtigt.

So bleibt das Fremde stets Objekt – nie würde man ihm die Macht überlassen. In den großen Lehren der asiatischen Tradition – Konfuzianismus, Daoismus und Buddhismus – gehören Geist und Materie streng voneinander getrennten Sphären an. Vernunft und Verstand sind der Weisheit zugeordnet. Die Materie regiert im (niederen) Reich der Dinge, dort also, wo die überlegene Ingenieurskunst der Europäer sich manifestiert: Maschinen, Waffen, Technik.

Die Hierarchie der geistigen und materiellen Sphären bringt es mit sich, dass man den Europäern keine Minderwertigkeitsgefühle schuldet. Deren Vorsprung liegt in der Praxis – nicht in

---

9 Zit. n. Pankaj Mishra: *From the Ruins of Empire. The Revolt Against the West and the Remaking of Asia*, London 2012, S. 1.

den Angelegenheiten der Weisheit und des Intellekts. Der chinesische Fabrikant Zhang Zhidong formuliert noch zur Kaiserzeit einen bis auf den heutigen Tag geltenden Leitgedanken der Reformer: »Chinesische Wissenschaft für die fundamentalen Prinzipien, westliche Wissenschaft für die praktische Anwendung.«[10]

Gut ein Jahrhundert nach den Meiji-Reformen und ebenso unvermittelt und ungeahnt aus dem Dämmer einer dunklen Epoche setzt China zu einem Reformsprung an. Dabei hätten die Bedingungen nicht unterschiedlicher sein können. China erwacht aus keinem Dornröschenschlaf. Es hat 150 Jahre Umwälzungen hinter sich: Erniedrigung, Bürgerkrieg, Hunger und Kulturrevolution. Woher nahm das 950-Millionen-Volk, dessen Masse in bitterster Armut lebt, den Stolz und das Selbstvertrauen, die Rückkehr zu längst vergangener Größe zu wagen? Denn das sind die Stichworte: Rückkehr und Größe. Noch um 1820 betrug der chinesische Anteil an der Weltwirtschaft fast ein Drittel.[11] Die Europäer waren im Vergleich dazu Emporkömmlinge.

Bainián guóchi, das Jahrhundert der Erniedrigungen, das mit der Niederlage im Ersten Opiumkrieg nach 1839 begann, ist der kollektiven Erinnerung tief eingebrannt. Das militärisch rückständige China wurde zum Spielball der europäischen Mächte. Alle haben sie von dem Kuchen genascht: Großbritannien, Frankreich, die Vereinigten Staaten, Russland, Deutschland, Österreich-Ungarn, Italien, Spanien und Portugal, nach 1895 auch Japan.

Ende der 1970er-Jahre lag das menschenreiche Land darnieder. Nur noch 4 Prozent des globalen Bruttoinlandsprodukts entfielen auf China, das sich seit 1949 Volksrepublik nennt. Inzwischen sind es erneut fast 20 Prozent. Im Schnitt um 10 Prozent jährlich wuchs die Wirtschaftsleistung nach Dengs Reformen; das Pro-Kopf-Einkommen stieg um mehr als das Fünfzigfache.

---

10 Zit. n. Patrick Smith: *Somebody Else's Century. East and West in a Post-Western World*, New York 2010, S. 59.

11 Angus Maddison: *Contours of the World Economy, 1–2030 AD*, Oxford 2007, S. 381.

Hunderte Millionen Chinesen gehören einer zumindest bescheidenen Mittelschicht an. 2022 gibt es in China mehr als
600 Dollarmilliardäre. Nur in den USA leben mehr Superreiche.

Was hat diesen Schub möglich gemacht? Schon 1935 propagierte die KP Chinas unter ihrem neuen Anführer Mao Zedong
einen eigenen, chinesischen Weg. Der erinnerte durchaus an
das Vorgehen der japanischen Meiji-Reformer. Beide Länder
entschieden autonom, was sie dem Fundus des Europäisch-
Modernen entnahmen und was nicht; beide wählten, was sinnvoll, nützlich und geeignet schien. Das alte Eigene und das hand-
verlesene Fremde wurden zu neuem Eigenen verwoben. So führt
auch die Frage »Wie kann China Kapitalismus und Kommu-
nismus verbinden?« ins Leere. China hat beide – wohlgemerkt,
europäische – Ordnungskonzepte längst mit seiner eigenen Tradition verschmolzen.

Der Ur-Antrieb der Revolutionäre um Mao galt der Überwindung von historischer Schwäche, Entrechtung und Schmach.
Auch wenn sie den bürgerlichen Kapitalismus unterdrückten, war
ihr Ziel weder das kommunistische Paradies noch die Weltrevolu-
tion. Ihr Streben richtete sich auf die Überwindung der Erniedrigungen: *Bainián guóchi* darf sich nie wiederholen. Die Politik der
KP Chinas konnte nicht anders als antiwestlich und antisowje-
tisch sein – egal um welchen Preis.

Man kann die Kollektivierung der chinesischen Landwirtschaft und die Schrecken der Kulturrevolution auch als schöp-
ferische Zerstörung à la Schumpeter lesen.[12] Mit den Qing
und ihren mandschurischen Zöpfen wäre ein modernes China nicht möglich gewesen, auch nicht mit der verunglückten
Republik. Das China der Gegenwart ist ein Amalgam aus ur-
alten Herrschaftsvorstellungen und den Errungenschaften der
globalisierten Moderne, getreu den Worten des Fabrikanten
Zhang Zhidong: »Chinesische Wissenschaft für die funda-

---

[12] Joseph Schumpeter: *Kapitalismus, Sozialismus und Demokratie*, London und
New York 1942.

mentalen Prinzipien, westliche Wissenschaft für die praktische Anwendung.«[13]

In seinem 2010 veröffentlichten Essay »Calligraphy and Clocks« beschreibt der Brite Patrick Smith das Verhältnis der Kommunisten zur chinesischen Vergangenheit:

> Mao war ein entschiedener Antikonfuzianer; Mao war durch und durch konfuzianisch; China hat die Tradition hinter sich gelassen; China lebt weiterhin nach der Tradition: Es gibt Anhaltspunkte dafür, alle vier Aussagen zu verteidigen.[14]

Smith, der jahrzehntelang im Fernen Osten gelebt hat, ist fasziniert vom asiatischen Wandel: vom erniedrigten Objekt zum autonomen Subjekt. Noch im frühen 20. Jahrhundert empfanden die meisten Asiaten die westliche Moderne als Bedrohung. Da hatte Japan schon den Weg gewiesen: selektive Aneignung und souveräne Vereinnahmung. Vier, fünf Generationen später ist das Fremde mit dem Eigenen verschmolzen. Im 21. Jahrhundert gibt es keinen Unterschied zwischen ›asiatisch‹ und ›modern‹. Die Begriffe sind identisch. Smith nennt das Ergebnis »Asia as it is«.[15] AAII ist das Akronym einer Legierung: die neue asiatische Wirklichkeit.

Der Inhalt von Modernität und Fortschritt wird nicht mehr von den Fremden bestimmt. Man ist in jeder Beziehung auf Augenhöhe mit der westlichen Zivilisation. Schon fließen die Befruchtungen in umgekehrter Richtung. Asien als Inspirationsquell: Lord Buddha, Manga und Anime, K-Pop, Fusion und Umami. Und längst sind neue Rivalitäten entstanden. Asien, vor allem China, mutiert zum Herausforderer der weltanschaulichen Selbstgewissheit des Westens. Die Folgen prägen unser Jahrhundert.

Europa, Quell und Ursprung der Moderne, hat die Deutungshoheit über seine Schöpfung eingebüßt. Der ganze Erdkreis ist modern, industrialisiert und urban. Europa dient dem Rest der

---

13 Smith, *Somebody Else's Century*, S. 62 f.
14 Ebd., S. 39 ff.
15 Ebd., S. 12.

Welt auch nicht mehr als Vorbild. Dieser »Rest« wählt aus und pickt sich die Rosinen. Die Hege des Eigenen wird zur Bedingung der Aneignung des Fremden.

* * *

Das Klima im Norden Kasachstans ist harsch und kontinental. Dort liegt die neue Hauptstadt Astana, eine Retortenstadt inmitten konturloser Steppe. Am 7. September 2013 verkündete der chinesische Staatspräsident Xi Jinping im Auditorium der Nasarbajew-Universität den Beginn eines eurasischen Zeitalters. Xi, der lächeln kann wie Buddha, erzählte von Zhang Qian, einem Delegaten und Entdecker zur Zeit der Han-Dynastie im 2. vorchristlichen Jahrhundert. Gesandtschaften unter seiner Führung überwanden zuerst die Wüsten Gobi und Taklamakan, dann die Gebirge des Tienschan. Sie erforschten Zentralasien, lebten unter Persern, Parthern und baktrischen Griechen und erfuhren von der Existenz so ferner Länder wie Indien, Mesopotamien, Sarmatien.

> Heute, wo ich hier stehe und weit in die Geschichte zurückschaue, kann ich fast das Echo der Kamelglocken in den Bergen hören, fast sehen, wie der Rauch in der Wüste aufsteigt, und das gibt mir ein besonders gutes Gefühl.[16]

Xis Botschaft wird nicht gleich verstanden. Nur die Führungselite im Pekinger Regierungssitz Zhongnanhai kennt die Tragweite seiner Worte. Das Publikum in Astana liest sie als schmeichelnde Verbeugung vor der gemeinsamen Geschichte.

Keine vier Wochen später, am 2. Oktober 2013, steht Xi hinter einem Rednerpult in der indonesischen Hauptstadt Jakarta. Dort erinnert er an einen muslimischen Eunuchen und Admiral, den Befehlshaber der legendären chinesischen Schatzschiffe:

---

[16] Bruno Maçães: *Belt and Road. A Chinese World Order*, London 2018, S. 25.

China → Rom ?

Im frühen 15. Jahrhundert hat Zheng He, der berühmte chinesische Seefahrer der Ming-Dynastie, sieben Reisen in die westlichen Meere unternommen. Jedes Mal hat er im indonesischen Archipel haltgemacht und Java, Sumatra und Kalimantan bereist. Viele Geschichten vom freundlichen Austausch zwischen Chinesen und Indonesiern sind aus jener Zeit überliefert, und manche werden heute noch erzählt.[17]

Xi wirbt nicht um Kasachstan und Indonesien. Oder nicht nur. Auch wenn von dem Jahrhundertprojekt One Belt One Road bei beiden Auftritten keine Rede ist – in Astana und Jakarta nimmt es seinen Ausgang. Es geht auch um viel mehr als um Infrastruktur, obschon der Name, zumeist als »Neue Seidenstraße« übersetzt, diese Interpretation nahelegt. Xis Kerngedanke steckt in der Formulierung einer »gemeinsamen Bestimmung«, die China und die eurasischen Nachbarn angeblich verbindet. Eine gemeinsame Bestimmung, die noch »viel enger zu knüpfen« sei. Dahinter verbirgt sich ein epochaler Plan, mit dem Peking die eurasischen (und pazifischen) Realitäten neu aufzurollen gedenkt.

Was Xi vor Augen steht, schält sich in den Folgejahren heraus. Straßen verbinden Punkte, bilden Netzwerke. One Belt One Road will mehr: die Gestaltung integrierter Räume. Die riesige eurasisch-afrikanische Landmasse soll ökonomisch (und politisch) zusammenwachsen, soll Wertschöpfungsketten bilden, die sich nach komparativen Vorteilen organisieren. China wirbt für Win-win-Beziehungen und beidseits fruchtbare Abhängigkeiten, unterfüttert von gegenseitigem Respekt. So steht es auf der Packung.

Was nicht auf der Packung steht: China will die USA im Pazifik und in Asien zurückdrängen und seinen Einfluss auf der »Weltinsel« (Eurasien und Afrika) ausbauen. Im geopolitischen »Herz-

---

[17] Speech by Chinese President Xi Jinping to Indonesian Parliament 2 October 2013, Asean-China-Center.org, 3.10.2013.

land« will China wieder das Reich der Mitte sein.[18] Es dauert Jahre, bis der Westen die Tragweite der Initiative erfasst.

Die paneurasische Ambition der Pekinger Strategen läuft auf einen alternativen Ordnungsentwurf hinaus. Der betrifft auch den kleinen Kontinent am Westrand der Landmasse: Europa. Dort lebt man nicht nur in überdurchschnittlichem Reichtum, man hat auch jahrhundertelang, zuletzt im Schlepptau der ausgewanderten Verwandten in Nordamerika, die Welt dominiert. Die transatlantische Staatengemeinschaft, die dieses Erbe verwaltet, wird durch das chinesische Projekt entschieden herausgefordert.

Die Konsequenzen lassen nicht auf sich warten. Neun Jahre nach Xis Auftritten in Astana und Jakarta rückt Russland mit seinem Ukrainekrieg erkennbar an die Seite Chinas. Das europäisch-russische Verhältnis ist dauerhaft zerrüttet. Im Gegenzug konsolidiert der Westen sich mit dem Nato-Beitritt Finnlands und Schwedens. In den europäischen Beziehungen zur islamischen Welt dominiert die Distanz, in Afrika der chinesische Einfluss.

Damit ist der Frontverlauf fürs Erste markiert. Europa ist mehr denn je auf die maritime Supermacht USA angewiesen. Derweil baut China an seinem Jahrhundertprojekt, und das mit einer Spannweite von Russland bis Afrika. Europa hat auch keine Wahl. Jede alternative Geopolitik würde den humanitären Universalismus verraten, an dem der Kontinent – noch – festhalten will. Das beginnt mit den angeblich gemeinsamen Bestimmungen. Die stehen in krassem Widerspruch zu einer entscheidenden Säule des europäischen Völkerrechts: Souveränität und Selbstbestimmung. In einem System gleichberechtigter Souveräne kann es keine gemeinsamen Bestimmungen geben. Und überhaupt: Wer legt solche Bestimmungen fest?

Die Chinesen würden kontern: Gemeinsame Bestimmungen wurzeln in Geographie und Geschichte. Man kann sie ver-

---

[18] Die Begriffe entstammen der 1904 vorgestellten Heartland-Theorie des britischen Geopolitikers Halford Mackinder.

handeln, doch Geographie und Geschichte sind Tatsachen. Sie schaffen erst die Bedingungen, unter denen Souveränität zur Ausgestaltung kommt. Xi weiß jedenfalls, was er da im Herbst 2013 gezündet hat. Es ist eine politische Langstreckenrakete, deren Einschlag – irgendwann – den globalen Wertekanon von Grund auf erschüttert.

Es dauert nicht lange, da werden die ersten Empfindlichkeiten wach. Vor allem in Indien regt sich Misstrauen. Die Inder fragen sich, was für Ränke Peking da schmiedet; beide Länder sind uralte Rivalen, nicht nur im Himalaya. Zweifel werden laut. Welche Straße, welcher Gürtel, was ist gemeint? Die Chinesen reagieren mit Fingerspitzengefühl. Über Nacht wird OBOR (One Belt One Road) zu BRI (Belt and Road Initiative) – niemand soll glauben, China hätte ein bestimmtes Design im Kopf. Es wäre fatal, wenn die eurasischen Partner zu der Überzeugung gelangten, Inhalt und Form der gemeinsamen Bestimmungen würden in Peking definiert.

Solche taktische Flexibilität illustriert auch die Unterschiede zwischen Russland und China. Ob 2014 auf der Krim oder 2022 in der Ukraine: Russland schleudert der geltenden Ordnung den Fehdehandschuh vor die Füße. Darin beweisen die Russen ihr Europäertum. Wir denken und fühlen dualistisch: Freund oder Feind, gut oder böse, falsch oder richtig, schwarz oder weiß. In Asien wickelt man seine Absichten in politische Poesie; die wahren Pläne werden in Blumenbouquets versteckt. Xi Jinping hält sich an den kongenialen Bismarck, einen in dieser Hinsicht atypischen Europäer: Politik als Kunst des Möglichen.

»Dei' hohe Zeit is lang vorüber«, singt Rainhard Fendrich in »I am from Austria«, seinem Hohelied auf Österreich, ein Land, das schon mehr als hundert Jahre mit vergangener Größe lebt. Die letzte westeuropäische Großmacht verließ die Bühne am 11. März 1941. An jenem Tag unterzeichnete US-Präsident Franklin D. Roosevelt den Lend-Lease Act. Damit unterwarf sich Großbritannien den Erben seiner einstigen Kolonisten. Die Luftschlacht um England hatte das Empire weiß geblutet. Ein halbes Jahrhundert zuvor war es die größte Industriemacht der Welt gewesen, jetzt reichten die Mittel kaum, die eigene Bevölkerung zu ernähren. Es war ein bitterer Offenbarungseid. »Britannia rule the waves« war Vergangenheit. Der Lend-Lease Act, in dessen Gefolge die damals noch neutralen USA die Briten mit Militärhilfe und Nahrungsmitteln versorgten, sah die Preisgabe sämtlicher britischen Schlüsseltechnologien vor: Radar, Antibiotika, Düsenantrieb und anderes mehr, sogar das detaillierte Konzept der Atombombe, verfasst von den in London lebenden Emigranten Otto Frisch und Rudolf Peierls. Es wurde zur Grundlage der Bomben von Hiroshima und Nagasaki. Die weltmächtig gewordenen USA traten ihr Erbe an.

Das definitiv letzte europäische Kolonialreich verschwand um 1990 mit der Sowjetunion, 85 Jahre nach dem Untergang der russischen Flotte vor Tsushima. Das europäische Zeitalter, das ein halbes Jahrtausend zuvor mit den großen Entdeckungen begonnen hatte, war Geschichte. Ökonomisch bedroht, technologisch abgehängt und demographisch marginalisiert, klammert sich die Alte Welt an den Strohhalm ihres geistigen Erbes: Aufklärung, Fortschritt, Vernunft und Moral.

Der »asiatische Wurmfortsatz« namens Europa hat seinen Auftritt gehabt, mit Paukenwirbel, Tusch und Götterdämmerung.[19] Die viereinhalb Jahrhunderte zwischen der Landung des Cristoforo Colombo auf der Karibikinsel San Salvador und dem Inferno zweier Weltkriege waren furioses Schauspiel, ganz großes Kino, gekrönt von dem annähernd erfolgreichen Versuch eines einzigen der fünf Erdteile, sich dem Rest der Welt als Maßstab aufzuprägen. Die Dynamik der kapitalistischen Industriegesellschaft, die abendländische Kultur, die moderne Wissenschaft, Massenkonsum und massenhafter Wohlstand, repräsentative Demokratie und Individualismus – alles im Kern europäische Errungenschaften. Monströs auch die Schattenseiten: Ströme

[19] Ein Paul Valéry (1871–1945) zugeschriebener Satz: »Europa wird sich einen oder der Wurmfortsatz des asiatischen Kontinents sein.«

von Blut, Sklaverei, die Unterwerfung ganzer Kontinente, die Vernichtung ganzer Völker. Keine andere Zivilisation hat je ein solches Stück aufgeführt.

Rom?

* * *

Noch träumen die Europäer vom Universalismus ihrer Wertewelt. Kaum mehr ist geblieben von einer Herrschaft, die im Jahrhundert der Aufklärung ihren eigentlichen Aufschwung nahm. Doch das eurozentrische Weltbild wird zur historischen Episode, ähnlich den ägypto- und gräcozentrischen vor unserer Zeitrechnung. Was die Zukunft bringt? Ein sinozentrisches Weltbild sähe jedenfalls anders aus – wenn es je dazu kommt. Ein Teil unserer Werte und Standards wird ohnehin überleben, das war nach dem Abdanken der Ägypter, Griechen und Römer nicht anders. Jede dominante Epoche hinterlässt ihre Saat. Die Weltmoderne ist das beste Beispiel.

Doch der Rest der Welt lässt nicht vom Recht auf selektive Aneignung. Gesellschaften, die Objekte der europäischen Modernisierung waren, sind heute Subjekte ihrer eigenen Modernität. Was modern ist, gehört uns nicht mehr; Europa hat das geistige Eigentum an seiner Ideengeschichte verloren. Wir halten die Welt nicht mehr am Zügel. Jener Rest – inzwischen gut 85 Prozent der Weltbevölkerung – hat sich selbständig gemacht, sich den Fortschritt angeeignet. Wer braucht uns noch, um in der Gegenwart anzukommen? Unsere Missionare, Berater, Ingenieure, Philosophen? Das (von außen betrachtet) Fremde – einst unser Eigenes – wurde bewältigt und assimiliert. Wir haben uns der Welt vermacht, uns an die Welt verausgabt. Und mit der Herrschaft endet auch das Privileg der Herren, über den Willen ihrer Knechte erhaben zu sein.

Europa wird die Geschichte nur noch peripher bestimmen. Wir entscheiden nicht mehr – wir schauen zu und tragen die Folgen. Wäre um 1890 ein deutscher Korrespondent in Konstantinopel unangemessen behandelt worden, der Kaiser hätte Kanonenboote in den Bosporus geschickt. Als 2019 drei deutsche Medienvertreter die Türkei verlassen mussten, äußerte die Bundesregierung Bedauern und Unverständnis. Auch die Hinnahme der Krim-Annexion 2014 zeigt, wohin die Reise geht.

Apropos: Nach dem russischen Einmarsch in die Ukraine 2022 zogen die Immer-schon-besser-Wisser alle Register. Bereits 2014 hätte man Putin zeigen müssen, wo der Hammer hängt. Nur wo hängt er denn, der Hammer? Das ist wie mit den Kanonenbooten gegen die Türkei. Dem Kreml war schon damals klar, dass der Wille und die Ressourcen des Westens nur noch zur Defensive taugen. Das gilt unabhängig vom Ausgang des Ukrainekriegs. Neue geopolitische Realitäten diktieren ihre Bedingungen. Die Spielräume verkleinern sich mit jedem Jahr.

Europa im frühen 21. Jahrhundert hat eine viel zu hohe Meinung von sich selbst. Was legitimiert den Hochmut noch? Sicher nicht die demographische Entwicklung. 1950 stellten die Europäer noch 23 Prozent der Weltbevölkerung; um 2050 werden es weniger als 5 Prozent sein. Nicht einmal jeder zwanzigste Mensch ist dann noch ein autochthoner Europäer.

Hinzu kommt, dass die europäischen Gesellschaften altern. Und das kräftig. Seit Jahren gibt es in Deutschland mehr Menschen über 60 als unter 20 – ein nie da gewesenes Phänomen. Die Alterspyramide ist von den Füßen auf den Kopf gestellt; inzwischen ähnelt sie einer Zwiebel mit dem Schwerpunkt oben. Nach der Jahrhundertmitte wird fast ein Drittel der Bevölkerung älter als 65 sein – unabhängig vom Grad der Zuwanderung.[20] Um 2050 kommen in Deutschland auf drei unter 20-Jährige zwei Menschen, die älter als 80 sind.[21]

Wollte man den Altersquotienten, das statistische Verhältnis der Alten zu den Jungen, auf dem Niveau von 2015 halten,

[20] Statistisches Bundesamt: Bevölkerung Deutschlands bis 2060. 13. koordinierte Bevölkerungsvorausberechnung, Wiesbaden 2015.

[21] Bundeszentrale für politische Bildung: Bevölkerungsentwicklung und Altersstruktur. Bevölkerung in absoluten Zahlen, Anteile der Altersgruppen in Prozent, 1970 bis 2060, bpb.de, 19.9.2019.

müssten bis 2050 insgesamt 188 Millionen Menschen zwischen 25 und 35 Jahren einwandern – gut fünf Millionen im Jahr.[22] Die verbreitete Fortpflanzungsverweigerung stellt das Land vor die Wahl: entweder die massive Alterung zulassen mit allen Konsequenzen – oder millionenfache Einwanderung mit wiederum deren Konsequenzen.

Aus ökonomischer Sicht bietet sich ein ähnliches Bild. Noch 1980 erwirtschafteten die 28 Länder der Prä-Brexit-EU etwas über 30 Prozent des weltweiten Bruttoinlandsprodukts. 2020 waren es weniger als 15 Prozent. Bis zur Jahrhundertmitte wird der Anteil auf unter 10 Prozent sinken.[23] Dann mischen nur noch zwei westeuropäische Volkswirtschaften unter den Top Ten der Welt mit: Deutschland und Großbritannien.[24]

Ein Gutteil der Entwicklung ist unverschuldet. Was können die Europäer dafür, wenn ein Milliardenland wie China sich aufmacht, zu alter Größe zurückzukehren? Vieles ist aber auch hausgemacht, das Ergebnis einer generationenlangen Erfolgsgeschichte. Die europäischen Volkswirtschaften sind beladen mit Industrien, deren Lebenszyklus im Abschwung ist. Bei der Digitalisierung hinkt der Kontinent hinterher, die Infrastruktur ist marode. Hohe Sozialausgaben, auch eine Folge jahrzehntelangen Überflusses, belasten die Staatshaushalte.

Nicht zuletzt ist der Wille zum Sieg verschwunden, der Drive, der am Ende jeden Erfolg befeuert. Die alternden europäischen Gesellschaften sind von Zukunftsangst geplagt. Angst vor der Informationsgesellschaft, vor künstlicher Intelligenz, vor Überwachung und möglicher Kontrolle. Asienreisende sind erschlagen von der Allgegenwart digitaler Infrastruktur. Hinzu kommt der moralisierende, empathiebetonte Zeitgeist,

[22] Birg, *Die alternde Republik*, S. 100.
[23] Die Zahlen entsprechen der Kaufkraftparität, nicht den Wechselkursen. Nach Kaufkraftparität ist China schon seit Jahren die größte Volkswirtschaft der Welt.
[24] PricewaterhouseCoopers: The Long View. How Will the Global Economic Order Change by 2050?, PwC.com, Februar 2017.

der bei Begriffen wie Macht und Erfolg sogleich an die Macht-
losen und Erfolglosen denkt – keine harte Rüstung für den globalen Wettbewerb.

Buchstäblich rücksichtslos ist im Vergleich das chinesische
Vorgehen in Afrika. China realisiert dort gewaltige Infrastruktur-
projekte; der Kontinent wird Rohstofflager, Produktionsstandort
und Nahrungsmittelquelle zugleich. Seit dem Jahr 2000 steigen
die chinesischen Direktinvestitionen in Afrika jährlich um 20,
seit 2014 um 25 Prozent. Schon 2017 trugen die rund 10 000 chinesischen Unternehmen in Afrika ein Achtel zur Industriepro-
duktion des Kontinents bei.[25]

Geschickt nutzt China den Umstand, dass es in der Kolonial-
zeit selbst zu den Opfern gehörte. Peking instrumentalisiert auch
das weitverbreitete Misstrauen dem Westen gegenüber. Ein Teil
der afrikanischen Eliten hält die sogenannte wertebasierte europäische Außenpolitik für eine postkoloniale Variante der Bevor-
mundung. Die Afrikaner »glauben, dass China die afrikanischen
Prioritäten versteht und respektiert. Mehr noch, China gilt in
Afrika als Akteur, der andere Kulturen und Staaten respektiert.
Diese Auffassung wird von vielen afrikanischen Staatsführern
geteilt.«[26]

Ein Gradmesser für die Innovationskraft einer Gesellschaft ist die
Zahl der Patentanmeldungen relativ zur Bevölkerungszahl oder
zur Wirtschaftsleistung, auch Innovationsintensität genannt.
Als Beispiel die Epoche unbestrittener europäischer Dominanz:
Zwischen 1875 und 1900 kamen über die Hälfte der 204 wich-
tigsten Erfindungen aus Europa, maßgeblich aus Deutschland,
Großbritannien und Frankreich.[27] Die Innovationsintensität

25 Irene Yuan Sun, Kartik Jayaram und Omid Kassiri: Dance of the Lions and
   Dragons. How Are Africa and China Engaging, and How Will the Partnership
   Evolve?, McKinsey.com, Juni 2017.
26 Mehari Taddele Maru: Why Africa Loves China, AlJazeera.com, 6.1.2019.
27 Giovanni Dosi, Keith Pavitt und Luc Soete: The Economics of Technical Change
   and International Trade, New York 1990, S. 41.

der Europäer betrug das Dreifache des globalen Durchschnitts. Im 20. Jahrhundert schoben sich dann die USA an die Spitze.

Im 21. Jahrhundert zeigt China eine Dynamik, die an die damaligen USA erinnert. 1995 wurden 18 700 chinesische Patentanmeldungen eingereicht, 2020 waren es 1,6 Millionen. Zwei Drittel der weltweiten Patentanmeldungen stammen aus Asien, der überwiegende Teil aus China.[28] Chinesische Autoren verfassen ein Drittel aller Publikationen in den Fächern Physik, Mathematik und Ingenieurwesen weltweit. Viele von ihnen arbeiten in den USA; der Wettstreit um die wissenschaftlich-technologische Zukunft konzentriert sich zunehmend auf diese beiden Länder.

Gemessen an der Bevölkerung liegt die Innovationsintensität im Reich der Mitte heute auf dem Niveau der Europäer um 1900. Gemessen am Bruttoinlandsprodukt ist ein anderes asiatisches Land der Vorreiter: Südkorea. China holt auf, mit weitem Abstand gefolgt von Japan, den USA und der EU.

Das Bild relativiert sich etwas, wenn man die Häufigkeit zugrunde legt, mit der einzelne Veröffentlichungen im Wissenschaftsbetrieb zitiert werden. Dann rangiert Schweden vor der Schweiz und den USA an erster Stelle, danach kommt die EU und dann erst China. Bei der Vergabe von Doktortiteln in den Ingenieur- und Naturwissenschaften sind weiterhin die USA führend; Amerika ist die favorisierte Destination für Promotionsstudien.

Doch das ändert nichts am Kampfgewicht der Asiaten. Mit phänomenaler Geschwindigkeit haben sie sich zum Zugpferd der globalen Innovation entwickelt. Und die Welt steht vor wahren Technologiesprüngen: künstliche Intelligenz, Quantenprozessoren, Robotik, revolutionäre Waffentechnik, Biochemie, Gentechnik, Big Data, autonome Systeme und anderes mehr. Die treibenden Kräfte sind China und die USA. Ob es Europa gelingen wird, auch nur den Anschluss zu halten, ist fraglich.

[28] World Intellectual Property Organization: World Intellectual Property Indicators 2021, Genf 2021, S. 12 ff.

2015 verkündete die Pekinger Regierung das zweite chinesische Jahrhundertprojekt: Made in China 2025. Es verbindet gleich mehrere Ziele: Abkehr von der Rolle der internationalen Werkbank, Importsubstitution bei industriellen Kernkomponenten, globale Wettbewerbsfähigkeit in zehn Schlüsselbranchen bis 2025, schließlich die weltweite Technologieführerschaft noch vor der Jahrhundertmitte. Die Vorgabe des chinesischen Staatsrats: »Bis zum 100. Jahrestag der Gründung des Neuen Chinas wollen wir unser Land zu einer Industriegroßmacht aufbauen, die die Entwicklung des globalen Industriesektors anführt.«[29]

Mit der Bezeichnung »Neues China« unterstreicht die Führung, dass die Zeit der westlichen Einflüsse überwunden ist. Dieses Neue China soll sich selbst genug sein, nicht kapitalistisch, nicht kommunistisch, nur noch chinesisch. Es ist das altneue China, das nach dem Jammertal der Erniedrigungen erneut die Höhenwege beschreiten will.

* * *

Die Vereinigten Staaten sind der mit Abstand mächtigste Akteur der europäisch kolonisierten Welt, gesegnet mit einer strategisch günstigen Insellage, dazu jung und ressourcenreich. Auch steht dort nicht die demographische Zwiebel auf dem Kopf. Zwischen 2000 und 2050 wächst die Bevölkerung um mehr als ein Drittel; bis zur nächsten Jahrhundertwende wird eine Verdoppelung auf über 580 Millionen prognostiziert. Dabei sinkt der Anteil der Nachkommen europäischer Einwanderer, der um 2000 bei zwei Dritteln lag, noch vor 2050 auf weniger als die Hälfte.

Nichts deutet darauf hin, dass die USA als Weltmacht abdanken. Umso wahrscheinlicher ist, dass sie sich grundlegend wandeln. Die sittenstrengen Puritaner, die im 17. Jahrhundert nach Amerika segelten, folgten ihrer Vision von Erlösung: »Wir sollen

---

29 Cora Jungbluth: Kauft China systematisch Schlüsseltechnologien auf? Chinesische Firmenbeteiligungen in Deutschland im Kontext von »Made in China 2025«, Gütersloh 2018, S. 16.

sein wie eine Stadt auf einem Hügel.«[30] Die »shining city upon a hill« wurde zum wirkmächtigen Mem avant la lettre. Und die Strahlkraft lässt nicht nach. Gegen Ende des 21. Jahrhunderts wird ein Drittel der US-Bevölkerung aus Einwanderern der ersten und zweiten Generation bestehen. Mehr waren es nur Ende des 19. Jahrhunderts – mit einem wesentlichen Unterschied: Damals kamen fast ausschließlich Europäer ins Land. Im 21. Jahrhundert stammt die ganz überwiegende Zahl der Zuwanderer aus Lateinamerika und Asien.

Der portugiesische Autor Bruno Maçães entwickelt eine faszinierende These:[31] Die Gründung der Vereinigten Staaten war vor allem ein Akt gegen die monarchische Ordnung, der neue Staat vor allem Republik.

Die meisten Verfassungsväter betrachteten die Demokratie mit Abscheu. Alexander Hamilton sagte: »Wir schaffen jetzt eine republikanische Staatsform. Wahre Freiheit liegt nicht in den Extremen der Demokratie, sondern in maßvoller Regierung. Wenn wir uns zu sehr der Demokratie hingeben, landen wir bald in einer Monarchie oder einer anderen Form von Diktatur. […] John Adams sagte: »Erinnert euch, Demokratie ist nie von Dauer. Sie verschwendet und erschöpft sich, dann bringt sie sich um. Es hat noch nie eine Demokratie gegeben, die sich nicht selbst getötet hat.« Der Oberste US-Richter John Marshall sagte: »Der Unterschied zwischen einer ausgewogenen Republik und einer Demokratie ist der zwischen Ordnung und Chaos.« Mir gefällt am besten die Beobachtung von H. L. Mencken: »Demokratie ist eine Form der Vergötterung. Es ist die Vergötterung der Schakale durch die Esel.«[32]

30 Mt 5,14: »Ihr seid das Licht der Welt. Es kann die Stadt, die auf einem Berge liegt, nicht verborgen sein.«

31 Bruno Maçães: *The Dawn of Eurasia. On the Trail of the New World Order*, London 2018.

32 Walter E. Williams: Do We Want Democracy?, WalterEWilliams.com, 22.5.2002.

Was wäre, wenn die frühen USA gar nicht prädestiniert waren, sich im europäischen Geist fortzuentwickeln? Wenn sie es nur taten, weil Europa im 19. Jahrhundert auf dem Gipfel seiner Macht und alles, was aus Europa kam, in höchstem Ansehen stand? Entsprechend skeptisch kommentiert Maçães die vermeintliche Seelenverwandtschaft zwischen Europa und der Neuen Welt: »Der Atlantik war eine Barriere, keine Brücke, und erst recht nicht das Binnenmeer der freien Welt.«[33] War der Eintritt der USA in die Weltpolitik nach 1914 und ihr Aufstieg zur westlichen Führungsmacht nach 1939 nur der temporäre Pivot to Europe einer ambitionierten Emigrantenrepublik? War Europa nur das Vehikel dieser Republik auf ihrem Weg zu globaler Dominanz?

Nach dem Triumph im Kalten Krieg um 1990 wird Chinas Comeback für die USA zur zentralen Herausforderung. Damit stellt sich die Frage nach dem künftigen Verhältnis zu Europa. Welchen Spirit of Political Enterprise werden die USA in Zukunft verkörpern? Die Antwort liegt im Ausgang der inneramerikanischen Konflikte. Maçães schließt auch die Möglichkeit einer kompletten Abwendung von Europa nicht aus:

> Dieses erstaunliche Kind der Aufklärung [die USA] könnte die westlichen, liberalen Grundsätze ohne Zögern über Bord werfen, wenn es nur überzeugt ist, dass sie durch Zeit und Erfahrung hinfällig geworden sind. [...] Wenn der Westen jemals strauchelt, wird Amerika weniger westlich sein wollen. Indem der Angelpunkt der Welt sich vom Westen fortbewegt, wird auch Amerika dies tun.[34]

Wie ein durstiger Schwamm haben die Deutschen nach 1990, ein halbes Jahrhundert nach dem krachenden Scheitern ihrer Weltmachtansprüche und den Verbrechen des Nationalsozialismus, Francis Fukuyamas These vom »Ende der Geschichte« aufgeso-

---

33 Maçães, *The Dawn of Eurasia*, S. 5.
34 Ebd., S. 6 f.

Fukuyama vs. Huntington

gen.[35] Ein trunkenes Jahrzehnt begann: der gute Weltpolizist USA, Russland als heimgekehrter verlorener Sohn, Europa zur Einigung entschlossen, China als Werkbank und bodenloser Absatzmarkt.

Fukuyama lädt die atlantische Allianz mit einer Überdosis Weltgeist auf. Für die geschichtsmüden Europäer war er der reine Balsam. Als wenige Jahre später ein weiterer politischer Bestseller erschien, der einen völlig anderen Blick auf das kommende Jahrhundert warf, hielt die Kritik nicht hinter dem Berg: Samuel Huntingtons *Kampf der Kulturen*.[36] Das Buch verstörte. Huntingtons Erzählung ist dem Ende der Geschichte diametral entgegengesetzt. Er prophezeit globale Konflikte, deren Wurzeln er auch am europäischen Bedeutungsverlust festmacht. Für Huntington gelten allein die großen Räume aus Herkunft, Religion und Geschichte: der neuzeitliche Westen mit dem alten Abendland und seinen Kolonisten, vorweg die exzeptionellen USA; der christlich-orthodoxe Osten; der Islam als Herausforderer; China und Indien als asiatische Zivilisationen im Stadium der Selbst- und Wiederfindung.

Die Politologenzunft zerpflückt Huntington bis auf den heutigen Tag. Die einen bemängeln, dass er die Demokratiefähigkeit einer Kultur oder Zivilisation an ihrem historischen Entwicklungsstand festmacht, die anderen bezweifeln, dass Kulturen, Zivilisationen oder Religionen überhaupt die eigentlichen Antagonisten sind. Missbraucht man sie nicht seit je, um Menschen gegeneinander aufzuhetzen? Geht es nicht immer nur um die Macht, den Einfluss und den Reichtum Einzelner?

Der Inder Ranjit Hoskoté und der Deutsch-Bulgare Ilija Trojanow haben 2007 das Buch *Kampfabsage* veröffentlicht. Ihre These: Kulturen bekämpfen sich nicht – sie fließen ineinander. Es ist ein schönes Buch, das von Babylon und Alexandria erzählt, von den gegenseitigen Befruchtungen in Orient und Okzident, von al-Andalus und Toledo, Thomas von Aquin und Ibn Ruschd.

---

35 Francis Fukuyama: *Das Ende der Geschichte. Wo stehen wir?*, München 1992.

36 Samuel P. Huntington, *Kampf der Kulturen. Die Neugestaltung der Weltpolitik im 21. Jahrhundert*, München 1996.

An einer Stelle zitieren sie Johannes 14,2: »In meines Vaters Haus sind viele Wohnungen.«[37]

Trojanow und Hoskoté formulieren die fundamentalste Huntington-Kritik. Sie beschwören die Nachbarschaft des Verschiedenen, eine Koexistenz, die zwischen Miteinander und Gegeneinander oszilliert. Zu dieser Erfahrung gehören Pogrome, Hass und Unterdrückung so sehr wie Verschmelzung und Bereicherung. Das vergossene Blut und die gewonnene Weisheit. Es ist eine Erzählung, die sich um das halb volle Glas rankt, die den Stoff und die Vorbilder liefert, um an die Hoffnung zu glauben.

Huntington verkörpert den harten, westlichen, den US-amerikanischen Gegenentwurf. Die USA leben in einer manichäischen Welt. In der existieren nur dualistische Zustände. Ein solches Denken hält Widersprüche nicht aus – es muss sie überwinden. Darin liegt auch Fukuyamas eigentliche Botschaft: weniger den Sieg zu verkünden als ihn zu fordern. Bis es so weit ist, wird es keinen Frieden geben. Also muss vom Krieg die Rede sein. Vor diesem Hintergrund wirken Huntington und Fukuyama schon nicht mehr wie Antipoden – sie ergänzen sich. Fukuyama verkörpert den Willen zum Sieg, Huntington die Bereitschaft zum Kampf. Die Geschichte beginnt überhaupt erst.

* * *

Die nur auf dem Papier noch gültige Weltordnung der Nachkriegszeit entstand in den Jahrzehnten nach 1945. Ihre geistigen Vorläufer finden sich im europäischen Völkerrecht, im 14-Punkte-Programm des US-Präsidenten Woodrow Wilson von 1918 und in der Arbeit des Völkerbunds nach 1920. Die materielle und industrielle Überlegenheit der USA und die Ressourcen der Sowjetunion – Menschen, Rohstoffe, Raum – verbanden sich zum alliierten Triumph 1945. Als die Sieger sich bald darauf in Potsdam trafen, war der Kalte Krieg noch nicht entbrannt. Dabei verrieten schon die flammend roten

---

37 Ilija Trojanow und Ranjit Hoskoté: *Kampfabsage. Kulturen bekämpfen sich nicht – sie fließen zusammen*, München 2007, S. 159.

Geranien, die im Ehrenhof des Tagungsschlosses einen mächtigen fünfzackigen Sowjetstern auf grünem Rasen bildeten, Stalins Anspruch auf seinen Teil der Welt. Doch die Welt von Potsdam war immer noch europäisch. Von weißer Hautfarbe. Das Geschehen am runden, mit lilafarbenem Samt bezogenen Konferenztisch schrieb die Geschichte so vieler diplomatischer Kongresse des 19. und 20. Jahrhunderts fort, von Wien 1815 bis Versailles und Trianon 1919. Europäer entwarfen die Ordnung der Welt.

Es war die letzte Weltordnung, die unter dieser Maßgabe zustande kam. Als regelbasierte internationale Ordnung wurde sie kodifiziert in der Charta der Vereinten Nationen (1945), der Allgemeinen Erklärung der Menschenrechte (1948), der Schlussakte von Helsinki (1975), der Charta von Paris (1990) und zahllosen anderen Dokumenten. Zu ihren zentralen Prinzipien gehören das Selbstbestimmungsrecht der Völker, die Unverletzlichkeit der Grenzen, die Achtung der Menschenrechte, die Nichteinmischung und das Verbot von Angriffskriegen.

Ist es symbolisch, dass ausgerechnet ein eurasischer Zwitter – Russland – sie in ihren Grundfesten erschüttert? Eine Ordnung lebt wie alle Spielregeln von ihrer Autorität. Das beginnt bei Mensch ärgere Dich nicht und endet bei globalen Systemen. Spielregeln, die nur ein Teil der Spieler anerkennt, sind wertlos. Damit erklärt sich das massive Aufbegehren des Globalen Westens gegen den russischen Krieg. Dieser Westen versteht sich als Gralshüter der in acht Jahrzehnten geschaffenen Ordnung. Der Ukrainekrieg ist die ultimative Herausforderung. Gelingt es den USA und ihren Verbündeten, den russischen Tabubruch so nachhaltig zu sanktionieren, dass ihre Autorität auf Jahrzehnte restituiert sein wird?

Zweifel sind angebracht. Schon schält sich ein neuer Antagonismus heraus: der Globale Westen gegen den Rest der Welt. Wirtschaftlich ertüchtigt, mit Wohlstand und neuem Selbstbewusstsein ausgestattet, sucht dieser »Rest der Welt« eigene Identitäten. Noch kann von einer Blockbildung nicht wirklich die Rede sein. Doch der Ukrainekrieg beleuchtet die Realitäten.

Die Reaktionen auf Russlands Regelbruch verlaufen entlang einer neuen, unsichtbaren Front: im Globalen Westen solidarisierende, hochemotionale Entrüstung, Waffenlieferungen und Finanzhilfen an die attackierte Ukraine – im »Rest der Welt« abwartende, realpolitische Distanz. Dort konkurriert die Ablehnung des Krieges mit anderen Kalkülen. Wer weiß denn, ob der Westen sich durchsetzen wird? Liegt es im Interesse jenes »Restes der Welt«, Russland so nachhaltig zu schwächen, wie das aus westlicher Sicht nötig scheint?

Dass die Sanktionen überhaupt in einem nennenswerten Maße greifen, gründet in der überragenden Wirtschaftsmacht der USA. Einzig die Amerikaner sind in der Lage, sogar chinesische Unternehmen durch die Androhung von Sekundärsanktionen von Geschäften mit Russland oder dem Iran abzuhalten. Ob man gut beraten war, nach dem Einmarsch in die Ukraine gleich den gesamten Instrumentenkasten zu öffnen? Akribisch analysieren die Chinesen alle getroffenen Maßnahmen, vom Einfrieren der Währungsreserven, der Abkoppelung von SWIFT und internationaler Refinanzierung über das Exportembargo für Halbleiter und andere kritische Technologien bis hin zur Ultima Ratio einer möglichen Abtrennung vom globalen Internet durch die USA. Welche Schlüsse sie daraus ziehen, werden wir erfahren, wenn der Westen seine Folterwerkzeuge gegen China richtet. Der Zeitpunkt wird kommen.

Wie selbstbewusst die chinesische Politik in diese Konfrontation geht, machte im März 2022 ein Tweet des Sprechers des Pekinger Außenministeriums deutlich. Unter der Überschrift »Die internationale Gemeinschaft« zeigt er eine Weltkarte, die lediglich Nordamerika, Europa, Japan, Südkorea, Australien und Neuseeland abbildet. Ansonsten Ozean. Es ist der chinesische Kommentar zur angeblichen Isolation Russlands durch die Weltgemeinschaft.

Auf das unipolare Intermezzo nach 1990 folgten der islamistische Terror und die expansive Wende der chinesischen Politik.

Ohne das neue chinesische Selbstbewusstsein, ohne die Gewissheit, dass der Westen demographisch und ökonomisch auf dem Rückzug ist, hätte Wladimir Putin 2014 die Krim nicht annektiert. Russlands Unzufriedenheit hatte er schon 2007 dargelegt, auf der Münchner Sicherheitskonferenz. Damals sprachen die westlichen Repräsentanten von einer völlig überflüssigen Konfrontation, auch davon, dass kein zweites Narrativ vonnöten sei. Ihr eigenes Verständnis von der Welt und ihrer Ordnung, so die feste Überzeugung, war das einzig richtige. Bezeichnend dann 2016 Pekings Reaktion auf das UN-Schiedsgerichtsurteil zu den Hoheitsansprüchen im Südchinesischen Meer: Interessiert uns nicht.

So sieht es aus, wenn eine Ordnung rissig wird. In der unipolaren Phase durfte allein der Weltpolizist die Regeln biegen, im 21. Jahrhundert werden es alle tun. Catch-as-catch-can. Jeder wird sie auslegen, wie er will, nicht nur die USA, Russland und China. So kann kein Spiel funktionieren. Wie auch immer der Ukrainekrieg ausgeht, im dritten Jahrzehnt des 21. Jahrhunderts weicht die Weltordnung der Weltunordnung.

Macht unser ungebrochener Eurozentrismus uns blind für die realen Veränderungen? Das europäische Zeitalter, das mit den großen Entdeckungen begann, wird Geschichte. Wir selbst werden Geschichte, die Alte Welt, das alte Europa. Nur die USA werden noch lange sehr mächtig sein. Ob der Rest der Welt geneigt sein wird, unseren Werten zuliebe seine eigenen Ambitionen zu zähmen?

Anders gefragt: Wann stand die Zukunft Europas zum letzten Mal auf Messers Schneide? 1683, eine Ewigkeit her. Mit dem Rückzug der Türken vor Wien endete die vorerst letzte physische Bedrohung der abendländisch-europäischen Kultur. 120 000 osmanische Krieger, ein Viertel von ihnen Krimtataren, hatten die Stadt umzingelt und abgeschnürt. Zwei Monate lang trutzten die Verteidiger, wohl wissend, dass eine Niederlage das Ende ihrer Welt bedeuten würde. Das Heilige Römische Reich, nach Pest und Dreißigjährigem Krieg nur noch ein Schatten seiner selbst, wäre unter dem Türkensturm zusammengebrochen wie ein Kartenhaus.

Marik!

Gerettet hat Europa ein katholischer Slawe, der polnische König Johann III. Sobieski. In einer Septembernacht erschien sein über 70 000 Mann starkes Entsatzheer auf den Höhen des Wienerwalds: Polen, Brandenburger, Sachsen, Soldaten des Markgrafen von Baden, venezianische und päpstliche Söldner. Sogar die Kosaken hatten eine Abordnung gestellt. Am Abend des 12. September 1683 sicherte die größte Kavallerieattacke der Geschichte den Sieg. 18 000 Berittene stürmten den Kahlenberg hinab, vornweg der polnische König in goldener Rüstung, um ihn seine gefürchteten Flügelhusaren, schwere Reiterei mit hohen Flügelattrappen am Sattel und sechs Meter langen, wimpelbewehrten Lanzen. Der Donner der über 70 000 Hufe, der Lanzenwald, die flatternden Federn, die polierten Harnische gleißend im Abendlicht ... Die osmanische Front brach bereits vor dem Zusammenprall. Bei Sonnenuntergang war das Treffen entschieden. Landauf, landab ertönte der uralte Dankhymnus Te Deum: »Rette dein Volk, o Herr, und segne dein Erbe.« Noch im 21. Jahrhundert schließen traditionsbewusste Wiener den Polenkönig, den sie »Türkenbefreier« nennen, in ihre Gebete ein.

Seit der Schlacht am Kahlenberg 1683 gerieten die Feldzüge europäischer Armeen gegen nichteuropäische Gegner zu Unterwerfungs- und Vernichtungskriegen. Die wenigen Niederlagen bis zur Versenkung der russischen Flotte 1905 sind an einer Hand aufgezählt: die Vernichtung der britischen Garnison in Kabul 1842, der indische Sepoyaufstand fünfzehn Jahre später, General Custers Schlacht am Little Bighorn 1876, der Sieg der Zulus über die Briten bei Isandhlwana 1879.

Was allen Kolonialkriegen gemein war: Sie tobten fernab heimischer Gefilde. Mehr als 300 Jahre waren weder Europa noch die europäisch kolonisierten Gebiete – die beiden Amerikas, Australien, Neuseeland – auf dem eigenen Territorium einer außereuropäischen Bedrohung ausgesetzt. Existentiell waren die Kolonialkriege, sieht man von den beteiligten europäischen Soldaten ab, nur für die kolonisierten Völker.

Wechselt das Rad der Geschichte die Richtung? Russlands Einmarsch in der Ukraine hat die Wahrnehmung zurechtgerückt. Noch vor Kurzem war allein die Vorstellung eines neuen europäischen Krieges out of bounds. Nun ist der Krieg zurückgekehrt, das Wort wird wieder ausgesprochen. Aber gegen außereuropäische Gegner? Man kann nur spekulieren: Bürgerkriege in Zukünften, wie Michel Houellebecq sie in seinen Romanen beschreibt, oder in Science-Fiction-Filmen. Wir denken nicht daran, wir reden nicht darüber. Solche Vorstellungen sind tabu. Wir dürfen sie nicht zulassen; vor der Schwelle des Tabus wacht das Unheimliche wie große Rollen Stacheldraht. Es hat die Macht eiserner Fäuste. Wir wollen keine Veränderung und sehen sie überall. Die alte Zeit geht zu Ende. Eine fremde Zeit zieht auf.

III.
RICHTIG SOMMER

Ende Juni hatten die Winzer noch Augen gemacht. Ausgedehnte Sonnentage nach guten Niederschlägen im Frühjahr, das verspricht Most voller Mineralien und von satter Süße, einen Saft, der zu Jahrhundertweinen gären kann. Auf den Gütern nördlich der Dordogne, im Pomerol und in Saint-Émilion, wo die hitzegewohnten Merlot und Cabernet Franc wachsen, umarmt man sonnenreiche Sommer mit Lust. Unvergessen der Château Cheval Blanc 1947 und vom selben Jahrgang die Châteaux Lafleur, Pétrus, Latour à Pomerol. Unvergessen auch 1949 und 1976, ebenfalls Produkte knochentrockener, heißer Hundstage. Schwere, dabei exquisit ausbalancierte Weine, voll und herausfordernd zugleich.

Der Sommer 2022 begann wie die Wiederholung eines Märchens. Der letzte Regen am 13. Juni, mehrfach Temperaturen von über 40 Grad … Doch dann fällt Mitte August immer noch kein Wasser vom Himmel. Den Winzern fehlen die Worte. Extreme Hitze hat es auch früher gegeben; selten, aber es gab sie. Doch eine derartige Trockenheit – in ganz Frankreich fallen 2022 an 31 Julitagen insgesamt 10 Millimeter Niederschlag.

Die südfranzösischen Sorten, neben Merlot auch Grenache und Cabernet Sauvignon, werden inzwischen auch nördlich der Alpen angebaut. Noch sind es in Deutschland nur wenige Hundert Hektar. Doch die Erfolgsstory der Burgundertraube Pinot noir und ihrer Verwandten lässt hoffen. Es ist die Erderwärmung, die Weinbau in nördlicheren und (einstmals) kühleren Gebieten möglich macht. Anders in den subtropischen Regionen: In Spanien, Italien und Australien vergällen Dürre und Extremtemperaturen den Weinbauern die Existenz. Nicht einmal die Hälfte der weltweiten Anbaufläche wird in der Zwei-Grad-Welt (0,9 Grad wärmer als heute) überleben, bei rechtzeitiger Umstellung der Rebsorten vielleicht drei Viertel.[38]

Möglicherweise keltern die Franzosen ihren Burgunder künftig aus dem hitzebeständigen Mourvèdre. Die Gamay-Traube, Inbegriff des Beaujolais, wächst inzwischen am Radebeuler Johan-

---

38 Alice Lanzke: Deutscher Wein wird künftig besser, Welt.de, 6.7.2021.

nisberg, übrigens erstmals seit Jahrhunderten. Im Elbtal bei Dresden steigt die Zahl der Sonnenstunden rasant; die Winzer an der Sächsischen Weinstraße sind Klimaprofiteure.

Wir erleben Traumjahre für Sonnenanbeter. Die nasskalten Sommer des alten Jahrhunderts, die langen, teils schneereichen Winter – das ist Vergangenheit wie weiße Weihnacht und Skilaufen ohne Schneekanonen. Angegrillt wird bald schon Ende Februar. Unverkennbar ist auch der Rückgang der Niederschläge; das betrifft das ganze Land und alle Jahreszeiten. Kein Mensch käme im 21. Jahrhundert auf die Idee, einen Song mit dem Titel »Wann wird's mal wieder richtig Sommer« zu schreiben.[39]

Im Hier und Jetzt sind die Veränderungen kaum greifbar. Noch sind Temperaturen von über 40 Grad selten; in Großbritannien wurde der Wert 2022 überhaupt zum ersten Mal erreicht. Hier und Jetzt, das ist Wetter, nicht Klima. Beim Wetter dominiert das Partikulare, Besondere. Wer hat nicht schon über die Klima-Apokalyptiker gespottet, wenn es im Juni 14 Grad hat und tagelang regnet? Es tut gut zu spotten. Schließlich fühlen wir uns wie in einem Raum, dessen vier Wände sich unmerklich (und unerbittlich) auf uns zubewegen. Wenn wir nicht ab und an die Gelegenheit haben, dem Unheimlichen ins Gesicht zu lachen, platzt uns der Kopf.

Denn wir wissen genau: Die zehn weltweit wärmsten Jahre seit 1880 waren, in dieser Reihenfolge abwärts, 2016, 2020, 2019, 2015, 2017, 2021, 2018, 2014, 2010 und 2013.[40] Gegenwärtig steigt die globale Durchschnittstemperatur alle zehn Jahre um 0,3 Grad. Nicht jeden lässt das kalt, da helfen auch die entspanntesten Grillabende nicht. Und so freut man sich wider alle Einsicht, wenn der Wetterdienst meldet: »Kältester Mai seit 2010 mit viel Regen und wenig Sonnenschein.«[41] So war es 2021. Wolkenverhangener

---

39 Rudi Carrell 1975 zur Melodie von »City of New Orleans« von Steve Goodman.

40 NOAA National Centers for Environmental Information: State of the Climate. Monthly Global Climate Report for May 2022, ncei.noaa.gov, Juni 2022.

41 Deutscher Wetterdienst: Deutschlandwetter im Mai 2021, DWD.de, 31.5.2021.

Himmel, keine 20 Grad an einem Frühsommertag. Von wegen
Klimawandel, von wegen Erderwärmung. Man muss spotten
dürfen. Anders frisst uns die Angst.

Was ist das überhaupt: Klima? Das altgriechische κλίματος
(*klimatos*) bezeichnet die Neigung der Erdachse im Verhältnis zur
Umlaufbahn der Erde um die Sonne – Letztere als Ebene gedacht.
Heute bezeichnen wir als Klima die Gesamtheit der Wetterphänomene über drei Jahrzehnte hinweg: Temperaturen und Niederschläge, Sonnenstunden, Windstärken, Windrichtungen und so
fort. Ein gleitender 30-Jahre-Durchschnitt.

Das klimatische Geschehen ist ein Austausch schier grenzen-
loser Energien. Aus dem Kosmos brandet die Sonnenhitze her-
an, die Atmosphäre und die Ozeane heizen sich auf, der Planet
strahlt Wärme in den Weltraum zurück, den Meeren entsteigt
Wasserdampf. Die Erdumdrehung und die Erdneigung, die
Planetenbahn und der Mond, die Verteilung der Landmassen
und Ozeane, Wälder und Wüsten, Gletscher und Eisflächen, alles sorgt für einen Energiehaushalt mit Haben, Soll und Saldo.
Im Resultat entsteht ein zyklisches Gleichgewicht, dem wir die
Jahreszeiten verdanken, die Hoch- und Tiefdruckgebiete, die
Monsune, die Starkwindbänder in der Troposphäre, den atlanti-
schen Golfstrom und die pazifischen El Niño und La Niña.

In erdhistorischen Zeiträumen betrachtet war das Klima noch
nie stabil. Seit der evolutionären Trennung von Mensch und
Schimpanse, seit rund sechs Millionen Jahren, war es die längs-
te Zeit kälter als in der Gegenwart. Das Überleben des »nackten
Affen« ist sowieso ein Wunder.[42] Eine Hominini-Art nach der
anderen starb aus; über Jahrmillionen versagte jedes neue Modell. Zuletzt der Neandertaler. Noch vor 40 000 Jahren waren
wir Nachbarn. Man kannte sich und zeugte gemeinsame Kinder.
Doch der moderne Mensch scheint findiger und flexibler gewesen zu sein. Gerade weil die rauen Bedingungen des Nordens

---

42 Desmond Morris: *The Naked Ape. A Zoologist's Study of the Human Animal,* New
   York 1967.

ihm zusetzten, entwickelte *Homo sapiens* Einfallsreichtum und Geschick. Als es vor 12 000 Jahren schließlich wärmer wurde, gab es auf der ganzen Welt nur noch eine einzige Menschenart. Uns. Wir sind die letzten.

* * *

Unsere weltgeschichtliche Epoche ist das Holozän. Auch dieser Begriff stammt aus dem Altgriechischen, er bedeutet ›das ganz Neue‹ – das Jahrzehntausend seit dem Ende der letzten Eiszeit. Im Holozän entstand, was wir unter Zivilisation einordnen: Ackerbau und Viehzucht, Städte, Gesellschaften, Staaten, Stände, Armeen, die Schrift, Verwaltung, Infrastruktur und so weiter. Streng genommen ist das Holozän eine Warmzeit innerhalb eines Millionen Jahre anhaltenden Eiszeitalters. Was es auszeichnet, ist seine klimatische Stabilität bis in die Gegenwart hinein. Sämtliche Ausschläge in historischer Zeit – das Römische Klimaoptimum, das Pessimum der Völkerwanderungszeit, die mittelalterliche Warmzeit und die Kleine Eiszeit vom frühen 15. bis ins 19. Jahrhundert – bewegten sich innerhalb einer Bandbreite von maximal eineinhalb Grad um die mittlere Epochentemperatur. Der schwedische Forscher Johan Rockström bezeichnet das Holozän als den »wünschenswerten Zustand« des Planeten:

> Unsere Bezugsgröße ist die Epoche des Holozäns, in der wir uns seit 12 000 Jahren befinden. Eine klimatisch einzigartig stabile Phase. Wir als Menschen existieren seit rund 100 000 Jahren. In der Eiszeit waren wir Jäger und Sammler. Als die Eiszeit endete und es wärmer wurde, erfanden wir die Landwirtschaft. Hier begann unsere Reise in Richtung unserer modernen Zivilisation. Das Holozän ist die Periode in der Erdgeschichte, in der die Menschheit sich stabil entwickeln konnte, und zwar dank der Stabilität des Erdsystems. Das war das letzte Puzzlestück, das uns fehlte: die

Erkenntnis, dass das Holozän der wünschenswerte Zustand unseres Planeten ist.[43]

Viel Wasser und die richtigen Temperaturen, am besten ein stabiles Lauwarm, so hat es die Natur am liebsten. Schon im 19. Jahrhundert haben die Physiker sich gefragt: Was bewirkt eigentlich, dass die Luft Wärme halten kann? Stickstoff, Sauerstoff und Argon – 99,9 Prozent der Erdatmosphäre – können gar keine Strahlungsenergie speichern. Gäbe es nicht den winzigen Anteil der Treibhausgase, würden auf der Erde Verhältnisse herrschen wie auf dem Mond. Tagsüber 130 Grad plus, nachts 160 Grad minus.

Aber warum macht dieser winzige Anteil einen solchen Unterschied? Das kurzwellige Sonnenlicht passiert die Atmosphäre ungehindert – anders die langwellige Wärmestrahlung, die der Planet in den Weltraum reflektiert. Aufgrund ihrer Molekularstruktur können die Treibhausgase Kohlendioxid, Methan, Lachgas, Ozon und Co. die langwelligen Infrarotstrahlen absorbieren. Ihr Geheimnis: Sie machen daraus Bewegungsenergie. Sie tanzen. Und wie im Moshpit beim Pogo geht es nicht ohne Zusammenstöße ab. Irgendwann tanzen auch die übrigen Gase, tanzt die ganze Atmosphäre. Wobei die überhaupt nur zehn Prozent der absorbierten Energie speichern kann; der Rest wird gleich an die Ozeane abgegeben.[44]

Die Treibhausgase bringen die faulen 99,9 Prozent dazu, das Tanzbein zu schwingen. Steigt nun der Anteil der Treibhausgase, wird auch mehr Energie absorbiert. Das bestätigen die kilometerlangen Eisbohrkerne aus den Tiefen der Schnee- und Gletschermassen Grönlands, Sibiriens und der Antarktis. Die reichen bis 800 000 Jahre zurück. Sie zeigen, dass Treibhausgase und

43 Johan Rockström im Interview mit Gero Günther: Die Grenzen der Erde, *Das Magazin der Grünen* 3/2019, S. 5.
44 Außerdem Fluorkohlenwasserstoffe, Schwefelhexafluorid und Stickstofftrifluorid. Auch Wasserdampf, der zu Wolken kondensiert am Himmel steht, absorbiert die Wärmestrahlung der Erdoberfläche. Insgesamt haben Wolken jedoch einen abkühlenden Effekt.

Durchschnittstemperaturen korrelieren, und zwar über alle Kalt-
und Warmzeiten hinweg.

Das gilt auch für die derzeitige Erwärmung, nur sind wir
nicht mehr auf Eisbohrkerne angewiesen. Seit 1958 überwacht
die Messstation Mauna Loa, in 3 400 Metern Höhe auf einem
hawaiianischen Vulkan gelegen, den CO_2-Gehalt der Atmosphäre.[45] Im 19. Jahrhundert stieg der Wert linear und langsam,
im frühen 20. Jahrhundert schon schneller und in den vergangenen fünfzig Jahren bisweilen exponentiell. 2015 lag er bei
400 ppm (parts per million oder Millionstel), 2022 schon bei
420 ppm. Zum Vergleich das Referenzniveau für die Zeit vor
1800: 280 ppm. Die Atmosphäre enthält also ziemlich exakt an-
derthalbmal so viel CO_2 wie zu Beginn der Industrialisierung.[46]
Hinzu kommen die übrigen Treibhausgase, deren Effekt den
von CO_2 teils erheblich übertrifft. Der Anteil von Methan, als
Treibhausgas 28-mal wirksamer als CO_2, ist seit 1800 um das
Zweieinhalbfache gestiegen.

Aus dem natürlichen CO_2-Kreislauf lässt sich das Wachstum
nicht erklären. Der zusätzliche Eintrag entstammt der industriellen Zivilisation, die seit 250 Jahren fossile Brennstoffe zur Energiegewinnung verfeuert: Kohle, Torf, Öl und Erdgas. Bei der
Verbrennung wird über Millionen Jahre gebundener Kohlenstoff
freigesetzt. Hinzu kommen die nichtfossilen Treibhausgase, die
vor allem landwirtschaftlichen Quellen entstammen. Jedes der
rund eine Milliarde Rinder auf der Welt rülpst täglich mehrere
Hundert Liter Methan aus – ein Nebenprodukt der Wieder-
käuerverdauung. Weitere 20 Prozent der Methan-Emissionen
entstehen beim Anbau von Reis.

* * *

---

[45] Mauna Loa Baseline Observatory, Global Monitoring System, Earth System
Research Laboratories, esrl.noaa.gov/gmd/obop/mlo.

[46] Vgl. die Jahresdurchschnitte der Messstation Mauna Loa: Trends in Atmospheric Carbon Dioxide, esrl.noaa.gov/gmd/ccgg/trends/mlo.html.

Unter Wissenschaftlern ist der Streit ausgestanden. Die Er-
forschung des anthropogenen Klimawandels begann um 1950
an angelsächsischen Universitäten. Nach der Einrichtung der
Messstation auf dem Mauna Loa war der nächste Meilenstein
die Weltklimakonferenz 1979. Zwei Jahre später erschien eine
Studie des NASA-Wissenschaftlers James Hansen, die den
Zusammenhang zwischen den CO_2-Emissionen und der Erderwärmung ausdrücklich bestätigte.[47] 1988 nahm der Zwi-
schenstaatliche Ausschuss für Klimaänderungen (IPCC oder
Weltklimarat) unter dem Dach der Vereinten Nationen seine
Arbeit auf.

Seither wurden Abertonnen Papier bedruckt und Abermil-
liarden an Forschungsgeldern ausgegeben. Klimaschutz ist zu
einer Industrie metamorphisiert, die ohne Ende Analysen,
Statistiken, Auswertungen, Vorschläge, Protokolle, Sach-
standsberichte, Konventionen, Konferenzen, Erklärungen,
Verträge, Verpflichtungen und Selbstverpflichtungen produziert. Ein Moloch aus Wissenschaft, Politik, Medien, Zivilge-
sellschaft und Bürokratie. Im Klimaschutz-Übereinkommen
von Paris 2015 lag die Zielmarke bei zwei Grad Erwärmung
gegenüber der vorindustriellen Zeit. Drei Jahre später, im Oktober 2018 in Kattowitz, präsentierte der Weltklimarat einen
Sonderbericht zu den Folgen einer Erwärmung jenseits von
1,5 Grad.[48] Die werden, so die Prognose, bald nach 2030 erreicht. Die Folgen sind bereits spürbar: Wetteranomalien wie
Hitzeextreme, anhaltende Dürren, Starkniederschläge und
dergleichen.

Im Ergebnis steigen die Treibhausgas-Emissionen Jahr für
Jahr. Schon bis 2000 hat die Industriegesellschaft insgesamt
rund 2 000 Milliarden Tonnen CO_2 in die Erdatmosphäre ein-
gebracht. Seit der ersten Weltklimakonferenz hat sich der jährli-

47 James Hansen et al.: Climate Impact of Increasing Atmospheric Carbon
   Dioxide, *Science* 213 (4511) 1981, S. 957–966.
48 Intergovernmental Panel on Climate Change: IPCC Special Report. Global
   Warming of 1.5° Celsius, Cambridge und New York 2018.

che Ausstoß annähernd verdoppelt. 2021 waren es 36,3 Milliarden Tonnen CO_2-Äquivalent.[49]

Dabei ist die Logik der Klimaziele offensichtlich: Nur wenn es gelingt, die globalen (!) CO_2-Emissionen bis 2070 auf null zu fahren, kann die Erwärmung bei zwei Grad gedeckt werden. Will man die 1,5 Grad schaffen, muss das Null-CO_2-Ziel bis 2050 erreicht sein.

Ein naheliegender Gedanke ist der eines globalen Kohlenstoff-budgets. Wenn der CO_2-Anteil und die globale Durchschnitts-temperatur korrelieren, muss es eine bestimmbare CO_2-Menge x geben, die bis zur Erreichung eines Klimaziels von y Grad Celsius noch ausgestoßen werden darf. Der Gedanke ist von bestechen-der Logik – wäre da nicht die Klimasensitivität. Die exakte For-mel, nach der x zusätzliche Tonnen CO_2 sich in y zusätzliche Grad Celsius verwandeln, hängt von teils unerforschten Fakto-ren ab, etwa der Wärmespeicherkapazität der Ozeane und diver-ser Rückkopplungen. Auch die Eisbohrkerne helfen nicht wei-ter – in 800 000 Jahren gab es keinen derart rapiden Anstieg des CO_2-Anteils wie in der Gegenwart.

Wie viele Milliarden Tonnen dürfen es also noch sein, bevor wir in der 1,5- oder Zwei-Grad-Welt landen? Die CO_2-Uhren im Internet zählen die Jahre, Monate, Tage, Stunden, Minuten und Sekunden. Im Sommer 2022 lag das Restbudget bis zur 1,5-Grad-Welt bei knapp unter 300 Milliarden Tonnen. Bis dahin bleiben keine sieben Jahre mehr; Mitte 2029 soll es so weit sein.[50]

* * *

Unsere Zivilisation hängt an der Nadel. Ihr Heroin heißt Energie. Wie der Süchtige nur an die Droge denkt, so dreht sich unsere Welt

---

[49] CO_2 Äquivalent (CO_2e) ist ein gemeinsamer Nenner für das Erwärmungs-potential der verschiedenen Treibhausgase. Dabei werden die Energieabsorp-tion und die Verweildauer berücksichtigt.

[50] Mercator Research Institute on Global Commons and Climate Change: So schnell tickt die CO_2-Uhr, www.mcc-berlin.net/forschung/co2-budget.html.

um den einen, kaum fasslichen Stoff. Sagenhafte Mengen werden konsumiert. Nimmt man als Referenz die 1945 über Hiroshima gezündete Atombombe Little Boy mit einer Energie von rund 16 Gigawattstunden, so verbrauchen die acht Milliarden *Homo sapiens* an jedem einzelnen Tag (!) die Energie von annähernd 28 000 Little Boys. Mehr als 80 Prozent davon werden aus fossilen Quellen gedeckt. Wäre unsere Industriegesellschaft ein lebendiger Organismus, würden Kohlenwasserstoffe in ihren Adern fließen.

Um bei diesem Bild zu bleiben: Das Zwei-Grad-Ziel verlangt, die globale Zivilisation bis 2070 auf einen kohlenstofffreien Blutkreislauf umzustellen. Komplett. Die Analogie passt; auch die Medizin arbeitet mit Hochdruck an Substituten für die Bluttransfusion. Fossile Primärenergien in der Größenordnung von täglich mehr als 22 000 Little Boys (den 80 Prozent entsprechend) sollen durch nichtfossile ersetzt werden. Dabei sind jene Treibhausgase, die nicht dem Energieverbrauch, sondern der Agrarwirtschaft entstammen, noch gar nicht berücksichtigt – ebenso wenig die Energiemengen, die bis 2070 *zusätzlich* nachgefragt werden, getrieben vom künftigen Wirtschafts- und Bevölkerungswachstum vor allem außerhalb der etablierten Industrieländer.

Was steht zur Verfügung? Nichtfossile Energien stecken in den Kräften des Wassers, des Winds, der Sonne und des Atoms; auch in der Biomasse. Die gegenwärtig leistungsstärkste ist die Wasserkraft. 2021 trug sie mit einer Kapazität von 1 360 Gigawatt gut 15 Prozent zur weltweiten Stromerzeugung bei.[51] In Norwegen produzieren die rund 1 500 Wasserkraftwerke fast den gesamten Strom. Das größte Kraftwerk der Welt ist ein Wasserkraftwerk: die Drei-Schluchten-Talsperre im chinesischen Jangtsekiang mit 22,5 Gigawatt.

An zweiter Stelle rangiert die Photovoltaik. Im Frühjahr 2022 waren erstmals über 1 000 Gigawatt Sonnenkollektoren am Netz, vornehmlich in China, der EU und den USA. Der jährliche

51 Our World in Data: Share of Electricity Production from Hydropower, our-worldindata.org.

Zubau ist gewaltig.[52] Knapp dahinter rangieren die Windmühlen mit einer Gesamtkapazität von fast 750 Gigawatt.[53] 2021 erzeugten Wind und Sonne zusammen erstmals mehr Elektrizität als die weltweit rund 440 Kernreaktoren.[54]

Eine weitere wichtige Primärenergie ist Biomasse. Für die Stromwirtschaft rangiert sie unter »ferner liefen«. Was in Europa kaum jemand weiß: Ein Drittel der Weltbevölkerung nutzt Holz oder Dung zum Kochen und Heizen.[55] Weltweit sorgt Biomasse für den Löwenanteil der direkten, nichtfossilen Energieerzeugung.[56]

Während Wasser, Sonne und Wind mit über einem Viertel zur Stromerzeugung beitragen, hinken sie beim Primärenergieeinsatz mit gerade mal 11 Prozent (2021) hinterher.[57] Der Grund: Ihre Energiedichte ist bescheiden; man denke an die Segelschiffe, Wind- und Wassermühlen vergangener Jahrhunderte. Ein so kompaktes Aggregat wie der Verbrennungsmotor wäre mit direkter Wasser-, Wind- oder Sonnenkraft gar nicht vorstellbar. Allein auf dem Umweg über die Verstromung lassen sich diese Energien einsatzfreundlich verdichten.

Dafür bedarf es allerdings einer übergriffig großräumigen Infrastruktur: gigantische Staustufen, Quadratkilometer unter Photovoltaik-Anlagen, Windparks wie megalomanische Spargelfelder. Bei der Wasserkraft sind die Möglichkeiten, weitere Staudämme zu bauen, weitgehend ausgeschöpft. Bei Wind und Sonne stört zudem die unstete Verfügbarkeit. Schon heute erzeugen die 1 750 Gigawatt Sonnen- und Windkapazität kaum mehr Gigawattstunden Strom als die 390 Gigawatt Atomreaktoren. Gemessen an Sonne und Wind liegt die Produktivität der Kernenergie

52 John F. Weaver: World Has Installed 1 TW of Solar Capacity, pv-magazine.com, 15.3.2022.

53 Global Wind Energy Council: Global Wind Report 2021, Brüssel 2021.

54 BP: Statistical Review of World Energy, 71st ed., London 2022.

55 International Energy Agency: World Energy Outlook 2021, Paris 2021.

56 World Bioenergy Association: Global Bioenergy Statistics 2021, Stockholm 2021.

57 Our World in Data: Energy Consumption by Source, World, ourworldindata.org.

(Stromerzeugung relativ zur installierten Leistung) bei plus/minus dem Vierfachen.

Das Schicksal der Kernenergie spiegelt die energiepolitischen Verwerfungen der vergangenen Jahrzehnte wider, ist aber auch ein Lehrstück in Sachen Technologieakzeptanz. Inzwischen sind neue, fortgeschrittene Konzepte auf dem Markt. China, die USA und andere Länder investieren in Forschung und neue Reaktoren. In der postfossilen Welt steht die Kernkraft vor einem Comeback.[58] Selbst an Deutschland, dem Anti-Atomkraft-Land par excellence, geht der Konflikt Atomangst versus Klimaangst nicht vorüber. Doch auch die Infrastruktur der Kernkraftnutzung ist von übergriffiger Monstrosität, trotz der unübertroffenen Energiedichte. Dort ist es das Verstrahlungsrisiko, das den allerhöchsten Grad an Prävention verlangt.

Zukunftshoffnungen knüpfen sich außerdem an die Geothermie, die Wellenkraft und die Nutzbarmachung der Kernfusion. In denselben Zusammenhang gehört das Klima- oder Geo-Engineering. Bei Letzterem geht es darum, die Folgen der Treibhausgas-Emission technologisch zu kompensieren. Die einen versuchen weniger Sonnenenergie auf die Erde zu lassen, die anderen wollen freigesetztes CO_2 binden. Ideen existieren zuhauf: unterirdische CO_2-Speicher, Aerosole in der Stratosphäre, Biomasse-Anreicherung in den Ozeanen, künstliche Photosynthese, CO_2-Bindung im Felsgestein oder Myriaden winziger Sonnenschirme, die im Gleichgewicht der Gravitation anderthalb Millionen Kilometer von der Erde entfernt im Weltraum schweben.

All diese Konzepte zu referieren würde den Rahmen dieses Buches sprengen. Der Großteil ist risikobeladen und/oder horrend unwirtschaftlich. In seinem Buch *Climate Wars* beschreibt der Kanadier Gwynne Dyer das Geo-Engineering als äußerste Notstandsmaßnahme, etwa für den Fall, dass der CO_2-Anteil die Schwelle von 450 ppm überschreitet – was nach dem derzeitigen

---

58 Vgl. Philipp Bethge: Rettet uns die Atomkraft vor dem Klimakollaps?, Spiegel.de, 13.12.2019.

Stand bald nach 2030 der Fall sein wird.[59] Dyer nennt als Beispiel eine 200 000 Dollar teure Maschine, die der Atmosphäre täglich eine Tonne CO_2 entzieht – die gleiche Menge, die bei einem vollbesetzten Flug von London nach New York auf jeden einzelnen Passagier entfällt.[60]

In den notwendigen Dimensionen wäre das ökonomischer Suizid. Dasselbe gilt für Vorschläge wie die Aufforstung von neun Millionen Quadratkilometern Erdoberfläche, vom Weltklimarat propagiert und in Studien bestätigt.[61] Einleuchtend, so eine CO_2-Senke, nicht wahr? Klingt ungefährlich und machbar. Nur vergisst man bei allem Optimismus die Dimensionen: neun Millionen Quadratkilometer, das ist nicht ganz die Fläche Chinas oder der USA.

Keine der vorgenannten Ideen bietet eine reale Aussicht, die Null-CO_2-Ziele in den geplanten Zeiträumen zu erreichen. Doch wenn wir uns in eine künftige Welt der Panik und Verzweiflung hineindenken, eine Welt der Dürren, Feuerwalzen und Hungersnöte, der Wasserkriege und unkontrollierbaren Krisen – welcher irreale Vorschlag wird dann noch unvorstellbar sein?

Der australische Nachhaltigkeitsforscher Samuel Alexander beschreibt das tief sitzende Vertrauen in die Machbarkeit des Guten und Richtigen als weltliche Heilsbotschaft, als »Techno-Optimismus«:

Grob gesagt kann man [den Techno-Optimismus] definieren als den Glauben, dass Wissenschaft und Technologie in der Lage sein werden, die wesentlichen sozialen und Umweltprobleme unserer Zeit zu lösen, ohne die Strukturen und Ziele unserer wachstumsbasierten Volkswirtschaften

---

[59] Gwynne Dyer: *Climate Wars. The Fight for Survival as the World Overheats*, Oxford 2008.

[60] Ebd., S. 243 f.

[61] Jean-François Bastin et al.: The Global Tree Restoration Potential, *Science* 365 (6448) 2019, S. 76–79.

oder den Lebensstil der westlichen Wohlstandsgesellschaft fundamental infrage zu stellen.[62]

Es ist die faustische Hybris, der Traum, das Bedrohliche und Unheimliche einzufangen und zu zähmen. Aus diesem Traum zu erwachen wird zur finalen Herausforderung. Selbst das schönste Geo-Engineering ist nur eine Variante des Leugnens und Verdrängens – des Leugnens wenn nicht der Bedrohung, so doch der Tatsache, dass wir ihr ausgeliefert sind. Dazu später mehr.

Fürs Erste lautet die Doppellösung der Politik, nicht nur in Deutschland: Energiewende und Verkehrswende. Stromerzeugung und Mobilität sind für rund 40 Prozent aller Treibhausgas-Emissionen verantwortlich. Die Strategie ist zweigeteilt: (1) die komplette Umstellung der Stromerzeugung auf nichtfossile Primärenergien und (2) die ausschließliche Nutzung von Elektrizität als Sekundärenergie. Im Idealfall liegt dann der Anteil der fossilen Primärenergien an der Stromerzeugung bei null und der Stromanteil an den Sekundärenergien bei 100 Prozent.

Vom Erfolg dieser Politik hängen die Klimaziele ab. Das Zwei-Grad-Ziel setzt voraus, dass die weltweiten CO_2-Emissionen bis 2070 auf null zurückgefahren werden. Will sagen: Wenn die globale Emissionskurve nicht schon bald deutlich nach unten zeigt, kommt in 25 Jahren die Zwei-Grad-Welt – und irgendwann um die Jahrhundertwende die Drei-Grad-Welt mit ihren kaum noch absehbaren Folgen.

Wer wird den Ausgang der globalen Verkehrs- und Energiewenden entscheiden? Im Zweifel die acht Milliarden Individuen. Fragen wir die Chinesen und die Inder, zusammen immerhin ein gutes Drittel der Weltbevölkerung. Indien wächst jedes Jahr um rund 15 Millionen Menschen. China steht im demographischen Zenit. In beiden Ländern zählt offiziell fast ein Drittel der Bevöl-

---

62 Rupert Read und Samuel Alexander: *This Civilisation Is Finished: Conversations on the End of Empire – and What Lies Beyond*, Melbourne 2019, S. 9.

kerung zur Mittelschicht. Während in den USA die Mittelschicht rund die Hälfte umfasst, sind es in Südkorea sogar zwei Drittel. Das sind die Zielmarken für ganz Asien; die Bevölkerungen sehnen sich nach Aufstieg. Wer in Peking und Neu-Delhi an der Macht bleiben will, muss Wachstum liefern.

Was bedeutet das für die globalen Klimaziele? Nehmen wir die Verkehrswende, die Umstellung des Fahrzeugparks auf Elektroantrieb. China ist da weiter fortgeschritten, als viele glauben. 2021 waren 16 Prozent aller Neuzulassungen in China (3,3 Millionen Fahrzeuge) mit Elektro- oder Hybridantrieb ausgestattet. In der EU waren es 17, in den USA 5 Prozent.[63] Weltweit lag die Zahl bei 9 Prozent (nach 4,1 Prozent 2020 und 2,5 Prozent 2019).[64]

Es ist ein Wachstum auf geringer Basis. Noch macht der globale Elektro-Fuhrpark (16,5 Millionen Fahrzeuge) nur gut ein Prozent der insgesamt 1,4 Milliarden Pkw aus. Auf der Produktionsseite ist das Missverhältnis ähnlich. Etwa jede Sekunde läuft ein Fahrzeug mit Verbrennungsmotor vom Band – ein Elektroauto nur alle anderthalb Minuten.

Derweil steigt die Zahl der Fahrzeuge weiter. In China sind es doppelt so viele wie vor zehn Jahren: gut 240 Millionen. Die nächste Verdoppelung steht bis 2030 an; dann rollt eine halbe Milliarde Pkw auf chinesischen Straßen. Die Pekinger Regierung schiebt dem keinen Riegel vor – warum auch? In Deutschland kommen 570 Pkw auf tausend Einwohner, in den USA 650. In China 150. Selbst bei einer Vervierfachung des dortigen Fuhrparks wären das pro Kopf weniger als in den USA.

Wir sollten nicht vergessen: Sehr, sehr viele der 2,8 Milliarden Inder und Chinesen, dazu weitere Milliarden in anderen Ländern, träumen von einem Leben wie die Mittelschicht in den entwickelten Industriegesellschaften. Und das bedeutet ein Auto je Familie – besser zwei. Um Chinesen und Inder zu über-

---

63 International Energy Agency: Electric Car Registrations and Sales Share in China, United States, Europe and Other Regions, 2016–2021, IEA.org, 31.5.2022.

64 International Energy Agency: Electric Cars Fend Off Supply Challenges to More Than Double Global Sales, IEA.org, 30.1.2022.

zeugen, dass eine Welt mit acht und mehr Milliarden keine Pkw-Dichte wie in Deutschland oder den USA verträgt, müssten wir schon selbst mit dem Verzicht beginnen. Aber ist das vorstellbar: eine deutsche Partei, die mit der Forderung nach Pkw-Massenverschrottung und dem Verbot von Zweit- oder Drittwagen an die Regierung kommt? Andererseits – wir wissen ja nicht, welche politische Stimmung nach weiteren zwanzig, dreißig Jahren Erwärmung bei uns herrschen wird. Die Probe aufs Exempel steht noch aus.

Vorerst wächst der globale Fuhrpark weiter; wie es aussieht, um mindestens eine halbe Milliarde bis zur Jahrhundertmitte. Dann wären zwei Milliarden Pkw unterwegs. Das bedeutet an die drei Milliarden Neuzulassungen bis 2050. Diese Zahl deckt sich mit der Kapazität der Hersteller von gegenwärtig 100 Millionen Stück im Jahr.

Nun sind aber nur zwei Prozent dieser Kapazität für Elektrofahrzeuge ausgelegt. Die Automobilkonzerne müssten also, um den Zielmarken der Verkehrswende gerecht zu werden, binnen weniger Jahre 98 Prozent ihrer Kapazität auf eine neue Antriebstechnologie umstellen. Dabei ist völlig unklar, wie etwa die Versorgung mit den Batterierohstoffen Kobalt oder Lithium sichergestellt werden soll. 2018 wurden 150 000 Tonnen Lithium zur Batterieherstellung eingesetzt – 2028 sollen es fast zehnmal so viel sein.[65] Schon tobt ein erbitterter Kampf um die Ressourcen. Westliche Multis, chinesische Staatskonzerne, Regierungen, Diktatoren und Warlords ringen um die Förderstätten.

Wird die globale Verkehrswende gelingen? Vielleicht – aber mit jahrzehntelanger Verspätung. Im Zeitplan sicher nicht. Allein die Produktionskapazitäten lassen zweifeln. Zulassungsverbote für Fahrzeuge mit Verbrennungsmotoren in den alten Industrieländern sind moralische Kosmetik; der reale Zuwachs findet anderswo statt.

[65] Benchmark Mineral Intelligence: Lithium's Price Paradox, BenchmarkMinerals.com., 30.7.2019.

Wie sieht es dann mit der Energiewende aus? Die ist eigentlich noch wichtiger. Von ihrem Erfolg hängt es ab, ob der Elektro-Fuhrpark auch CO_2-neutral gespeist wird. Voraussetzung ist der Ausstieg aus der fossilen Stromerzeugung. Immerhin investiert der größte CO_2-Emittent, China, massiv in die nichtfossile Verstromung. Auch Deutschland kann als Musterland gelten. Seit 2000 wurden hierzulande rund 90 Gigawatt Kapazität aus alternativen bzw. regenerativen Quellen zugebaut. Die Hälfte der in Deutschland installierten Generatorleistung ist inzwischen für regenerative Energien ausgelegt. Andere europäische Länder stehen dem kaum nach.

Weltweit sieht es weniger rosig aus. Seit der Jahrhundertwende hat sich die Kapazität der Kohleverstromung verdoppelt; ganze drei Viertel des Zubaus entfallen auf China. In einem einzigen Jahr, 2021, war dort Baubeginn für 33 Gigawatt zusätzliche Kohlekapazität – das entspricht zwei Dritteln aller deutschen Kohlekraftwerke zusammen.[66] In den Worten der Internationalen Energieagentur:

> Trotz aller Fortschritte bei den erneuerbaren Energien und der Elektromobilität ist 2021 ein starker Wiederanstieg des Kohle- und Ölverbrauchs zu verzeichnen. Vor allem deshalb erleben wir 2021 auch die zweitgrößte jährliche Zunahme von CO_2-Emissionen, die es je gab. Mithilfe öffentlicher Ausgaben für nachhaltige Energie im Rahmen von Konjunkturpaketen konnte nur etwa ein Drittel der Investitionen mobilisiert werden, die erforderlich wären, um das Energiesystem neu auszurichten, wobei die größten Defizite in den Entwicklungsländern bestehen. [...] Die Fortschritte auf dem Weg zu einem vollständigen Zugang zu Energie sind, vor allem in den afrikanischen Ländern südlich der Sahara, ins Stocken geraten. Der derzeitige Kurs ist weit entfernt von den Vorgaben des bahnbrechenden »Net

---

66 David Stanway: China Starts Building 33 GW of Coal Power in 2021, Most Since 2016, Reuters.com, 24.2.2022.

Zero Emissions by 2050«-Szenarios (NZE) der IEA, das im Mai 2021 veröffentlicht wurde.[67]

Wie chancenlos die Europäer sind, die globalen Klimaziele aus eigener Kraft zu stemmen, zeigt der Blick auf die großen CO_2-Emittenten. 2020 rangierte Deutschland auf Platz 7 hinter dem Iran. Dieser Eindruck relativiert sich angesichts der absoluten Zahlen. Die fünf Erstplatzierten – USA, China, Indien, Russland und Japan – emittieren zusammen 33-mal so viel CO_2 wie Deutschland, das im oberen Mittelfeld liegt, etwa gleichauf mit Ländern wie dem Iran, Südkorea und Saudi-Arabien.[68]

Fast 65 Prozent der globalen Stromerzeugung werden aus den Primärenergien Kohle, Gas und Öl gewonnen.[69] 2021 waren das rund 17 Millionen Gigawattstunden. Nun soll der Stromverbrauch bis 2035 um weitere 50 Prozent und bis 2050 um 100 Prozent wachsen.[70] Um komplett aus der fossilen Stromerzeugung auszusteigen, müssen bis zur Jahrhundertmitte also rund 43 Millionen nichtfossile Gigawattstunden zusätzlich erzeugt werden: 17 plus die künftig nachgefragten 26 Millionen.

Vergleichen wir das mit den Investitionen deutscher Energieversorger. Seit der Jahrhundertwende wurde die Stromerzeugung aus Erneuerbaren von 36 000 auf 234 000 Gigawattstunden gesteigert, im Schnitt fast 10 000 zusätzliche Gigawattstunden im Jahr.[71] Die globalen Energiewende-Ziele bis 2050 (keine drei Jahrzehnte!) entsprechen also dem über 200-Fachen der deutschen Anstrengungen von 2000 bis 2020. Grund für Optimismus? Nicht wenn es nach der Führung des für über 30 Prozent aller CO_2-Emissionen verantwortlichen China geht:

67 International Energy Agency, World Energy Outlook 2021.

68 World Population Review: Carbon Footprint by Country 2022, worldpopulationreview.com.

69 International Energy Agency: World Energy Balances. Energy Balances for 150 Countries and 35 Regional Aggregates, IEA.org, Juli 2022.

70 McKinsey: Global Energy Perspective 2019. Reference Case, New York 2019.

71 Umweltbundesamt: Erneuerbare Energien in Deutschland. Daten zur Entwicklung im Jahr 2021, Dessau-Roßlau 2022.

China sollte die ehrgeizigen CO_2-Ziele nicht um den Preis der Energie- und Ernährungssicherheit oder des »normalen Lebens« der Bevölkerung verfolgen, unterstrich Präsident Xi Jinping [im Januar 2022] und deutete ein vorsichtiges Herangehen an den Klimawandel vor dem Hintergrund einer erlahmenden Wirtschaft an. [...] China müsse die »Vorstellung eines schnellen Erfolgs« überwinden und schrittweise agieren. [...] »Bei der Emissionsreduzierung geht es nicht um Produktivitätssenkung, auch nicht darum, überhaupt nichts mehr zu emittieren.«[72]

Man muss kein Melancholiker sein, um hier ins Grübeln zu geraten. Selbst unter Einbezug der Kernkraft ist der Zubau vieler Tausend Gigawatt Kapazität innerhalb einer Generation nicht vorstellbar – viel zu langfristig sind die Zyklen, viel zu enorm der Kapitalbedarf. Das Fazit in Sachen Energiewende lautet: Der globale Ausstieg aus der fossilen Stromerzeugung bis zur Jahrhundertmitte wird scheitern. Das deckt sich mit einer McKinsey-Studie, die für Sonne und Wind bis zur Jahrhundertmitte einen Anteil an der Stromerzeugung zwischen 30 und 50 Prozent und für die Kohlenachfrage einen Rückgang um die Hälfte vorhersagt.[73]

Selbst in dem gänzlich unwahrscheinlichen Fall, dass bis 2050 sowohl die globale Verkehrswende als auch die globale Energiewende doch gelingen, werden die IPCC-Klimaziele verfehlt. Der Grund: Stromerzeugung und Transport tragen nur 40 Prozent zu den globalen Treibhausgas-Emissionen bei. Für den Rest sorgen Industrie, Landwirtschaft und Haushalte. Die Begrenzung der Erderwärmung auf unter zwei Grad Celsius bliebe auch im Fall erfolgreicher Verkehrs- und Energiewenden eine Illusion.

Natürlich wird es Länder geben, die annähernd mustergültigen Klimaschutz betreiben. Darunter sicher auch europäische, Norwegen bestimmt und wahrscheinlich Deutschland. In diesen Län-

---

72 China's Xi Says Country's Low Carbon Push Must Guarantee Energy, Food Security, Reuters.com, 26.2.2022.

73 McKinsey, Global Energy Perspective 2019.

dern ist der Sprung in die Klimaneutralität bei Strom und Verkehr machbar, bezahlbar und durchsetzbar. Doch den Musterschülern winken keine Fleißpunkte. Selbst wenn Deutschland überhaupt kein CO_2 mehr emittiert – unsere Sommer werden nicht kühler. Beim Klima haftet *Homo sapiens* gesamtschuldnerisch.

Sind wir also doch nicht die Menschheit, die alles im Griff hat? Doch nicht die Schmiede unseres eigenen Schicksals? Oder existiert das gar nicht: ein Subjekt namens Menschheit, das über sich selbst verfügen und selbstbestimmt handeln, proaktiv entscheiden kann? Welche Autorität kann Veränderungen durchsetzen, die wirklich jedes der acht Milliarden Individuen unserer Art in die Verantwortung zwingen?

Zu hoffen, die Erderwärmung werde sich durch eine konzertierte Aktion jener Staatengemeinschaft in den Griff bekommen lassen, die schon als Vereinte Nationen keine Autorität besitzt, scheint jedenfalls naiv. Ebenso der Glaube, alle acht Milliarden Menschen hätten vergleichbare Vorstellungen: von richtig und falsch, gut und böse, erstrebenswert und abscheulich. Das sind Scheingewissheiten einer saturierten, sich selbst genügenden Mittelschichtsgesellschaft. Immer wird es Akteure geben, die ganz andere Prioritäten verfolgen als kollektive Wohlfahrt, Gerechtigkeit oder Moral. Da kann es so heiß und trocken werden, wie es will.

Wer die reale Welt betrachtet – wirklich die Welt, nicht nur eine Projektion der eigenen Wünsche –, erkennt die Unterschiede. Jeder Mensch hat seine Geschichte, keine zwei Selbstverständnisse sind deckungsgleich. Solidarität zu erwarten, nur weil jemand derselben Art angehört, ist illusorisch. Weltfremd. Das beginnt bei der sozialen Schichtung. Reiche und Superreiche haben ihre völlig eigene Perspektive, völlig eigene Interessen. Wenn das Elend fortschreitet – warum sollten Privatstaaten der Superreichen undenkbar sein? In der Karibik, im Pazifik oder im Indischen Ozean, mit eigener Armee, Marine und Luftwaffe, den bestbezahlten Söldnern der Welt.

Den urbanen Lebenswelten der alten Industrienationen entwachsen Wortführer, die es aus Überdruss am Überfluss zu neuen moralischen Ufern treibt. Da werden dann Maß und Verzicht gepredigt. Das muss nicht unredlich sein, macht aber keinen Unterschied. Im Angesicht der realen (globalen!) Verhältnisse ist das bisschen Konsumverzicht ein Tropfen auf den heißen Stein. Im Rahmen ihrer Gesellschaften mögen die Prediger motivieren. Schließlich sind viele überzeugt: Besser symbolisch Gutes tun als gar nicht. Dort hantiert man auch mit Verboten, Sanktionen, Preissteigerungen, Steuern, Abgaben und so fort. Tourismus, Individualverkehr und Fleischverzehr werden zu Gütern des gehobenen Bedarfs, irgendwann zu Luxus. Für die einen unbezahlbar, für die anderen verpönt.

Und wenn irgendwann der Moment der Wahrheit kommt? Wenn es den Menschen wie Schuppen von den Augen fällt, wie wirkungslos ihre Anstrengungen sind – wirkungslos in der Wirklichkeit, jenseits der moralischen Symbolik? Nehmen wir Deutschland, ein Land mit weniger als zwei Prozent der weltweiten CO_2-Emissionen. Selbst wenn Deutschland über Nacht verschwände, die Menschen, Industrien, Autos, Häuser und Emissionen, wäre der Effekt nur ein winziger Haken auf dem Mauna-Loa-Chart, global gesehen ein paar ppm CO_2 weniger. Vorübergehend und bald vergessen. Auch diese Wahrheit gehört in den Kontext eines Europas, das sich viel wichtiger nimmt, als es ist.

Der britische Autor John Foster vertritt die These, dass die Herausforderung der Erderwärmung gar nicht darin liegt, sie abzuwenden. Das wird nach realistischer Maßgabe unmöglich sein. In seinem 2015 erschienenen Buch *After Sustainability* plädiert er dafür, aussichtslose Hoffnungen über Bord zu werfen.[74] Für Foster ist die Zwei-Grad-Welt eine bevorstehende Realität. Die Chance – und er begreift das Kommende wirklich als Chance – liegt allein in der Bereitschaft, uns auf diese Zukunft einzulassen.

74 John Foster: *After Sustainability. Denial, Hope, Retrieval*, Abingdon und New York 2015.

Foster verweigert sich dem Klammern am Vertrauten und Gewohnten. In der Nachhaltigkeitsphilosophie sieht er vor allem kommerziell motivierte Bauernfängerei. Ihn faszinieren die Möglichkeiten, die das Unbekannte birgt. Damit stellt er sich dem Worst Case; er nimmt das Unheimliche an. Sein Argument ist der »Vicious Syllogism«, der teuflische Syllogismus, eine logische Figur auf Basis des erwähnten Treibhausgas-Budgets:

Prämisse 1: Wenn wir die durchschnittliche Erwärmung nicht unter zwei Grad Celsius gegenüber dem vorindustriellen Niveau halten, droht uns ein gefährlicher, unvorhersehbarer und potentiell katastrophaler Klimawandel.

Prämisse 2: Wenn die Welt die künftigen anthropogenen Emissionen nicht auf, sagen wir, 1300 Milliarden Tonnen CO_2-Äquivalent begrenzt, bleibt die durchschnittliche Erwärmung der Atmosphäre nicht unter zwei Grad Celsius.

Prämisse 3: Wenn wir zum gegenwärtigen Zeitpunkt [2014] noch kein Programm gestartet haben, das die Begrenzung auf ein solches CO_2-Budget auch nur ansatzweise realistisch erscheinen lässt, wird es nicht möglich sein, die künftigen anthropogenen Emissionen auf 1300 Milliarden Tonnen CO_2-Äquivalent zu begrenzen.

Prämisse 4: Wir haben zum gegenwärtigen Zeitpunkt kein derartiges Programm gestartet.

Schlussfolgerung: Ein gefährlicher, unvorhersehbarer und potentiell katastrophaler Klimawandel ist unausweichlich.[75]

Wir haben auch 2022 noch kein derartiges Programm gestartet. Aber was macht die Zwei-Grad-Grenze so bedeutungsvoll? Es sind die sogenannten Tipping Points, die Kipppunkte. Jenseits von zwei Grad Erderwärmung drohen die bislang halbwegs linearen Klimaveränderungen disruptiv umzuschlagen. Ein Kipppunkt beschreibt ein Ereignis, in dessen Folge ein Gleichgewicht

---

[75] Ebd., S. 2 f.

verloren geht. Das kann der Albedo-Effekt der eisbedeckten Pole und grönländischen Gletscher sein, die Sonnenenergie in den Weltraum reflektieren. Andere Beispiele sind die Veränderungen der atlantischen und pazifischen Strömungssysteme (Golfstrom, El Niño, La Niña) oder das Abtauen des Permafrosts in den subpolaren Böden der Nordhalbkugel. Ein kaum erforschter Kipppunkt ist der mögliche Kollaps eines Teils der Biosphäre. Schon in der Drei-Grad-Welt, so die Mutmaßung, könnte das Pflanzenwachstum umkippen, mit der Folge, dass die verrottende Biomasse Unmengen an CO_2 freisetzt.

Nun lässt sich der Erwärmungsgrad, der einen dieser Kipppunkte auslöst, schwerlich im Voraus bestimmen. Daher auch das Bestreben, den Temperaturanstieg in einem Rahmen zu halten, der das systemische Gleichgewicht gar nicht erst infrage stellt. Die Grenze dieses Rahmens, so der gegenwärtige Konsens, sind die zwei Grad Celsius. Jenseits dessen beginnt eine Grauzone, für die niemand die Hand ins Feuer legen will: das Reich der Tipping Points.

Ein finaler Kipppunkt, irgendwo im Bereich der Vier- oder Fünf-Grad-Welt verortet, beschreibt den ultimativen galoppierenden Klimawandel, den Schritt in die Apokalypse. Es ist die äußerste Stufe: exponentielle Temperatursprünge mit unabsehbarem Verlauf, Kulisse einer dystopischen Prophetie. Im angelsächsischen Sprachraum werden solche Propheten ›doomster-and-gloomster‹ genannt.[76] Endzeitbewegungen faszinieren seit je, von den Geißlern und Täufern bis zu den Aposteln der Near-Term Human Extinction (NTHE) unserer Tage.[77]

Für Foster ist das Zwei-Grad-Ziel irrelevant. Die Temperaturen werden deutlich weiter steigen. Ebendas veranschaulicht sein teuflischer Syllogismus. Wenn die acht Milliarden Menschen auch 2022 noch kein »ansatzweise realistisches Programm« zur Begrenzung ihrer Treibhausgas-Emissionen auf das entspre-

---

76 Auf Deutsch etwa ›Schwarzmaler und Schwarzseher‹.

77 Vgl. Guy McPherson: *Only Love Remains. Dancing at the Edge of Extinction*, New York 2019.

chende CO2-Restbudget eingeleitet haben, dann folgt daraus: »Ein gefährlicher, unvorhersehbarer und potentiell katastrophaler Klimawandel ist unausweichlich.«

Seine Vorhersage wiegt schwer. Desgleichen seine Entlarvung der bequemen Ablenkungsmanöver, der Nachhaltigkeitsversprechen, des verlogenen Greenwashings, der aktivistischen Doppelmoral und des Erzoptimismus der Machbarkeitsgläubigen. Es wird keine weiche Landung geben. Kein Wir-schaffen-das.

Seit Jahren veröffentlicht die norwegische Gesellschaft DNV, ein Zusammenschluss der Schiffsklassifizierer Det Norske Veritas und Germanischer Lloyd, einen jährlichen »Energy Transition Outlook«. Der jüngste Bericht von 2021 prognostiziert einen Rückgang der CO2-Emissionen bis 2030 um 9 Prozent; das 1,5-Grad-Ziel wird also definitiv verpasst. Zur Jahrhundertmitte liegen die Emissionen aus Energiegewinnung um 45 Prozent unter 2019. Der Anteil fossiler Energien beträgt dann immer noch 50 Prozent. Den Temperaturanstieg bis 2100 beziffern die DNV-Experten mit 2,3 Grad gegenüber der Zeit um 1800.[78]

In der Zusammenfassung des Energy Transition Outlook 2018, der auf der DNV-Webseite inzwischen nicht mehr abrufbar ist, stand noch ein anderer Satz: »Wir wagen die Einschätzung, dass unsere Prognose auf eine Erwärmung von 2,6 Grad bis Ende des Jahrhunderts hinausläuft.«

2018 war auch noch die Rede von unbekannten Kipppunkten, nichtlinearen Systemreaktionen und dem Methan im Permafrost. Drei Jahre später liegt der Bericht fast ganz auf der Linie des offiziell angesagten Optimismus. Weichgespült. Haben die PR-Strategen erkannt, dass der damalige Tonfall der Agenda des Unheimlichen dient? Natürlich weiß DNV Bescheid. Schiffsklassifizierer sind Ingenieure, nüchtern, keine Hysteriker, weder Heils- noch Untergangspropheten. 2018 haben sie einfach die Wahrheit gesagt – wohl ohne zu ahnen, dass sie damit die ganze Klimaschutz-

---

[78] DNV: Energy Transition Outlook 2021. Summary, Høvik 2021.

industrie kompromittieren, den Weltklimarat und alle Klimaziele. Nichts als Makulatur: das Pariser Übereinkommen 2015 und jede Klimakonferenz davor und danach. Der Trend ändert sich auch wieder. Waren die Wissenschaftler lange bemüht, bloß nicht mit Doomstern und Gloomstern in einen Topf geworfen zu werden, klingt angesichts der ausbleibenden Erfolge ein neuer Alarmismus durch. Im August 2022 riefen elf der international angesehensten Klimaforscher, darunter der oben zitierte Johan Rockström vom Potsdam-Institut für Klimafolgenforschung, das IPCC auf, sich den Katastrophenszenarien nicht länger zu verschließen: »Auch ohne Bezugnahme auf Worst-Case-Modelle ist die Welt auf dem Weg zu einer Erwärmung von 2,1 bis 3,9 Grad bis zum Jahr 2100.«[79]

Sieben Jahre nach John Fosters teuflischem Syllogismus werden seine Prognosen in vollem Umfang bestätigt: Das Zwei-Grad-Ziel wird nicht zu halten sein. Die Begriffe ›Klimaschutz‹ und ›Klimarettung‹, die suggerieren, alles werde irgendwie beim Alten bleiben, sind Schönfärberei. Optimismus als Opium fürs Volk. Die Zwei-Grad-Welt kommt – und die Drei-Grad-Welt kauert schon hinterm Horizont.

* * *

Wir sind weit in die Zukunft vorgerückt, Jahrzehnte über die Jahrhundertmitte hinaus. Wir merken schon: Das wird keine Reise für Feiglinge, eher für Neugierige. Die vergangenen Datenreihen sind gesichert: die 800 000-jährigen Eisbohrkerne, die Baumscheiben, die Messungen. Verlängern wir sie nach vorn, entstehen daraus Prognosen – Extrapolationen der Vergangenheit. Zukunft lässt sich nicht vorhersagen, doch die Extrapolationen liefern verlässliche Bandbreiten, verlässlicher als Bleigießen an Silvester.

Weltklima und Weltgeschichte ähneln sich insofern, als beide gleichermaßen träge wie chaotisch sind. Aus der Nähe betrachtet herrscht der Zufall. Erst mit weitem Abstand stellen wir Gesetz-

---

79 Luke Kemp et al.: Climate Endgame. Exploring Catastrophic Climate Change Scenarios, *PNAS* 119 (34) e2108146119.

mäßigkeiten fest. Dasselbe gilt für die Zusammenhänge klimatischer Veränderungen mit historischen Umbrüchen: das Ende der minoischen Kultur vor gut 3 500 Jahren, die dunklen Jahrhunderte der späten Bronzezeit, die eurasischen Völkerwanderungen ab dem 4. Jahrhundert, das Aussterben der normannischen Kolonie auf Grönland, das Schicksal präkolumbianischer Zivilisationen in Lateinamerika.[80]

Wie Eisbohrkerne und Baumscheiben dienen auch Tropfsteine als Klimagedächtnis. Ein Stalagmit aus der Wanxiang-Höhle in der chinesischen Provinz Gansu präsentiert auf 118 Millimetern Länge die Klimageschichte von der Qin-Dynastie, der ersten des Kaiserreichs, bis in die Gegenwart.[81] Der 2003 abgeschlagene Stein war 1 810 Jahre lang aus dem Höhlenboden emporgewachsen. In mikroskopisch dünnen Jahresschichten dokumentiert er die Anteilsveränderungen der Elemente Uran, Thorium und zweier Formen von Sauerstoff in der Atmosphäre. Sie geben Aufschluss über den Sommermonsun, der China bis an die Innere Mongolei mit Niederschlag versorgt. Ein starker Monsun versorgt das ganze Land; ein schwacher regnet sich trocken, bevor er den dicht besiedelten Nordosten bewässern kann.

Die Ergebnisse sind kaum überraschend. Die Endphasen dreier großer Dynastien – der Tang (bis 907), Yuan (bis 1368) und Ming (bis 1644) – waren von Perioden ausgeprägt schwacher Monsune gekennzeichnet. Missernten zogen Aufstände und Aufruhr nach sich, den Zusammenbruch der staatlichen Ordnung, schließlich Zersplitterung und Bürgerkrieg. Ein anhaltend schwacher Monsun kann auch globale Phänomene widerspiegeln. In das frühe 10. Jahrhundert fällt nicht nur das Ende der Tang-Dynastie, sondern auch das der klassischen Maya-Kultur in Yucatán – fast auf das Jahr genau. In beiden Fällen waren ausgedehnte Dürreperioden der Auslöser.

---

[80] Vgl. Jared Diamond: *Kollaps. Warum Gesellschaften überleben oder untergehen*, Frankfurt am Main 2005.

[81] Science Daily: Ancient China. Lack of Rainfall Could Have Contributed to Social Upheaval and Fall of Dynasties, ScienceDaily.com, 7.11.2008.

Analog gilt das für die guten Zeiten. In den darauffolgenden Jahrhunderten, einer Phase fast ungebrochen starker Monsune, verdoppelte sich die chinesische Bevölkerung. Die Nördliche Song-Dynastie verkörpert ein goldenes Zeitalter der chinesischen Kultur. In Europa bleibt die Periode als mittelalterliches Klimaoptimum in Erinnerung. Die landwirtschaftlichen Erträge stiegen, die Bevölkerung wuchs. Plötzlich reichten die Ressourcen für Abenteuer wie die Kreuzzüge und die Besiedelung Grönlands, für den Bau gewaltiger Kathedralen, für die Feldzüge des Dschingis Khan. Nach einer Abkühlung, die im späten 14. Jahrhundert einsetzte, verschwand die grönländische Kolonie ebenso wie die mongolische Yuan-Dynastie in China. 1559 werden zum letzten Mal Mittel für den Kölner Dombau bereitgestellt. Die europäische Kleine Eiszeit mit ihrem Höhepunkt im 17. Jahrhundert hatte ihr Gegenstück in den anhaltend schwachen Sommermonsunen, die den Untergang der nächsten Dynastie, der Ming, begleiteten.

Was bringt uns der Ausflug von den Minoern zu den Ming? In den Eisbohrkernen und Stalagmiten lesen wir von der Ohnmacht des Menschen im Angesicht der Natur. Singuläre Ereignisse wie Erdbeben oder Tsunamis raffen vielleicht Hunderttausende hinweg – schlimmstenfalls. Das Klima vermag unendlich mehr. Es versteckt sich in kleinräumigen, unmerklichen Veränderungen – und bestimmt doch das Schicksal ganzer Kulturen.

Der britische Wissenschaftsjournalist Mark Lynas hat 2007 ein Buch veröffentlicht, das leider nicht auf Deutsch übersetzt wurde: *Six Degrees. Our Future on a Hotter Planet*.[82] Darin beschreibt er Grad für Grad, von eins bis sechs, die Auswirkungen der Erderwärmung. In der Ein-Grad-Welt leben wir heute; viele Europäer empfinden sie als angenehm. Schluss mit den nasskalten Sommern und dem winterlichen Matsch. Doch die Gletscher schmelzen, auch das arktische Eis. Schon verlagern

---

[82] Mark Lynas: *Six Degrees. Our Future on a Hotter Planet*, London 2007.

sich die Starkwindbänder in der Troposphäre, schon ändern sich der Rhythmus und die Intensität der weltweiten Niederschläge. Die ersten Spezies, die sich nicht anpassen können, sterben aus.

Die Zwei-Grad-Welt beginnt in der zweiten Jahrhunderthälfte. Dabei denken wir an steigende Meeresspiegel, überspülte Pazifikparadiese, Unbilden und Wetterchaos. Doch das sind Begleiterscheinungen. Vielleicht verschwinden ein paar Inseln, doch bei zwei Grad gerät die Welt nicht außer Rand und Band. Was sich verändert, und zwar grundlegend, ist die Ausdehnung der Klimazonen. Das wiederum hat erhebliche Auswirkungen auf die Ernährungslage der acht Milliarden, nicht zuletzt auf die Wasserversorgung.

Die Tropen und Subtropen, die den Planeten wie eine Bauchbinde umschließen, dehnen sich in Richtung der Pole aus. Sie schieben die gemäßigten und kalten Zonen vor sich her. Subtropische Verhältnisse kannte man im alten Europa nur im äußersten Süden: auf Teilen der Iberischen Halbinsel, in Süditalien, auf dem südlichen Balkan. Im 21. Jahrhundert rücken die Subtropen nach Norden vor. Keine zwei, drei Jahrzehnte mehr, dann werden Hitzewellen mit anhaltend über 40 Grad in Mitteleuropa zur Norm.

Nun ist die Masse der Landflächen, vor allem die gemäßigten und kalten Klimazonen Eurasiens und Nordamerikas, auf der Nordhalbkugel konzentriert. Die südliche Hemisphäre kennt wenig Vergleichbares, allenfalls im äußersten Süden Lateinamerikas, im südlichen Südafrika, am Südrand Australiens und auf Neuseeland. Alles übrige Land südlich des Äquators ist tropisch geprägt. Tropisches Klima bestimmt fast ganz Afrika südlich der Sahara, alle Länder von Mexiko bis Brasilien, Indien, Südostasien, die Nordhälfte Australiens und Ozeanien. Um 2040 wird jeder zweite Mensch zwischen den beiden Wendekreisen leben. Dann kommt die Zwei-Grad-Welt, und die ist nicht das letzte Wort.

Indem struktureller Hunger einen Großteil der Subtropen erfasst, werden Hunderte Millionen Menschen nur eine

Wahl haben, wenn sie und ihre Familien nicht sterben wollen: zu packen und sich auf den Weg zu machen. Der daraus resultierende Bevölkerungstransfer könnte alles, was
historisch infolge von Kriegen oder Missernten vergleichbar
ist, in den Schatten stellen. Nie zuvor hat eine Bevölkerung
weltweit die gesamte Region zwischen zwei Breitengraden
verlassen.[83]

---

[83] Ebd., S. 159.

IV.
TÄGLICH BROT

Austern und Schildkrötensuppe, ein schaumiges Soufflé vom
Haselhuhn, Lachs auf englische Art, Hummergratin, gebratenes
Masthühnchen und spanischer Speck. Zum Dessert Aprikosen-
kuchen und Haselnuss-Mousse. Die Generation Bismarck gab
noch auf Opulenz. Seit November hatten die Gesandten aus
zwölf europäischen Staaten, dem Osmanischen Reich und den
USA schon diniert und parliert. Das Souper im Reichskanzler-
palais am 19. Januar 1885 markierte den Abschluss des Geplänkels,
ganz im Stil der Zeit. Danach wurde verhandelt. Der offizielle Teil
der Berliner Westafrika-Konferenz begann. Fünf Wochen später
besiegelten die Diplomaten das Schlussdokument, genannt die
Kongoakte. Die Spielregeln für die Aufteilung Afrikas waren
definiert. Die Signatarstaaten konnten nur gewinnen: Rohstoffe,
Macht, Kolonialwaren, Prestige und Geld. Die Sklaverei war ab-
geschafft, unappetitlich, kein Thema mehr. Jetzt ging es darum,
die Afrikaner direkt in Afrika auszubeuten.

Die waren dem weißen Mann hoffnungslos unterlegen.
Gegen Ende des 19. Jahrhunderts besiedelten knapp 95 Millionen Menschen den ungeheuren Raum südlich der Sahara – vier
Bewohner auf einen Quadratkilometer. Während die Bevölkerung in China und Europa sich im zurückliegenden halben
Jahrtausend verfünffacht hatte, war die in Subsahara-Afrika
nur um magere 20 Prozent gewachsen.[84] Zu den Gründen ge-
hörten tropische Plagen wie Malaria oder die Schlafkrankheit,
die rückständige Landwirtschaft, die extreme Mütter- und
Kindersterblichkeit – nicht zuletzt die Sklaverei. Fast 30 Millionen Afrikaner, in erster Linie junge Männer, wurden in den
1 200 Jahren von der Expansion des Islams bis zur Abschaffung
des Sklavenhandels im 19. Jahrhundert aus den Gebieten südlich der Sahara entführt: zuerst ins arabische Nordafrika und
über den Indischen Ozean, schließlich massenhaft über den

---

84 Subsahara-Afrika umfasst das Festland des Kontinents und die afrikanischen
   Inseln mit Ausnahme der Staaten Algerien, Ägypten, Libyen, Marokko, Sudan,
   Tunesien und Westsahara.

Atlantik.[85] Auch der mikrobielle Schock forderte Tribut, nicht
anders als nach 1492 in den beiden Amerikas.[86] Bis in die 1930er
hinein dezimierten die von den Europäern eingeschleppten
Keime die Bevölkerung, in Zentral- und Äquatorial-Afrika bis
zu ein Viertel der Einwohner.[87]

In Europa lebten 1885 rund 400 Millionen Menschen, mehr als
viermal so viele wie südlich der Sahara. Stellt man ihre technische Überlegenheit in Rechnung, so wuchs das Missverhältnis
der Kräfte ins Unermessliche. Seither sind anderthalb Jahrhunderte vergangen. Am Vorabend des Zweiten Weltkriegs war die
Zahl der Subsahara-Afrikaner auf 150 Millionen angewachsen.
1950 waren es 250 Millionen, vierzig Jahre später bereits 600 Millionen. Nach 2010 war die Milliarde voll. Bis zur Jahrhundertmitte steht eine Verdoppelung auf zwei Milliarden an, um 2100
werden es an die vier Milliarden sein.[88]

In 200 Jahren von 95 Millionen auf bald vier Milliarden ist
eine Bevölkerungsexplosion ohnegleichen. Nun ist Afrika
ein riesiger Kontinent, mehr als dreimal so groß wie Europa
in seiner größtmöglichen Auslegung von Lissabon bis Wladiwostok. Rein flächenmäßig sind auch vier Milliarden keine
Herausforderung: 66 Einwohner je Quadratkilometer. In der
EU waren es Anfang des 21. Jahrhunderts doppelt so viele.
Allerdings ist auch ein Viertel der EU-Fläche landwirtschaftlich nutzbar – südlich der Sahara sind es keine zehn Prozent.
Um 2020 ist die agrarisch nutzbare Fläche pro Kopf der Bevölkerung in der EU und in Subsahara-Afrika durchaus vergleichbar: etwa 2 000 Quadratmeter.[89] Wie viele Quadratme-

85 Stephen Smith: *Nach Europa! Das junge Afrika auf dem Weg zum alten Kontinent*,
   Berlin 2018, S. 40 f.
86 Vgl. Charles C. Mann: *1491. New Revelations of the Americas Before Columbus*,
   New York 2005.
87 Smith, *Nach Europa!*, S. 43.
88 United Nations, Department of Economic and Social Affairs, Population
   Division: World Population Prospects 2022, population.un.org, 2022.
89 The World Bank, Food and Agriculture Organization: Arable Land (% of Land
   Area), 1961–2022, data.worldbank.org.

ter werden es sein, wenn die Bevölkerung sich verdoppelt oder
vervierfacht?

Überhaupt widerspricht das afrikanische Bevölkerungswachstum
dem globalen Trend. Seit dreißig Jahren sind die Wachstumsraten
der Weltbevölkerung rückläufig; viele Industriestaaten schrumpfen bereits. In Europa liegen die Geburtenraten (die durchschnittliche Anzahl der Lebendgeburten je Frau) in vielen Ländern bei
unter zwei.[90] Allein Afrika bleibt auf die große Kinderschar fixiert.
Dort, südlich der Sahara, wächst die Zahl der Menschen bis in die
zweite Hälfte des Jahrhunderts in jedem Jahr um 2,5 und mehr
Prozent. In den meisten afrikanischen Ländern bringt jede Frau
durchschnittlich drei bis sechs oder sogar mehr Kinder zur Welt.
In Tansania und Somalia wächst die Bevölkerung zwischen 2010
und 2050 um den Faktor sieben, in Malawi um den Faktor acht,
in Niger um mehr als den Faktor zehn.[91]

Afrika hat sich demographisch abgekoppelt. In Deutschland
wird diskutiert, wie die wenigen Jungen künftig die vielen Alten
ernähren sollen; ein Fünftel der Rentner ist von Armut bedroht.[92]
Afrika benötigt Jahr für Jahr mindestens 22 Millionen neue Jobs,
allein um die Berufsanfänger zu integrieren.[93]

Wer immer Zukünfte beschreibt, die sich von der Gegenwart
signifikant unterscheiden, provoziert Zweifel und Skepsis. Das
liegt in der Natur der Sache. Nur mit weitem Abstand erkennen
wir den Lauf der Dinge. Das erinnert an Themen wie Wetter und
Klima. Erst aus großer Höhe werden die dunklen Wolken hinter
dem Horizont sichtbar. Meteorologen und Demographen haben
aber noch etwas gemeinsam. Sie wissen, dass es für treffsichere

90 In modernen Gesellschaften gilt eine Geburtenrate von 2,1 als Voraussetzung
    für den Bevölkerungserhalt ohne Zu- oder Abwanderung.
91 Schuyler Null: One in Three People Will Live in Sub-Saharan Africa in 2100,
    Says UN, Wilson Center, NewSecurityBeat.org, 8.6.2011.
92 Zeit Online: Jeder fünfte Rentner ist von Altersarmut betroffen, Zeit.de,
    21.2.2019.
93 Smith, *Nach Europa!*, S. 195.

Prognosen eine Bedingung gibt. Die Zukunft kann nur vorhersagen, wer die Vergangenheit versteht:

> Wenn wir etwas über die Zukunft erfahren wollen, müssen
> wir in erster Linie so genau wie möglich die in der Vergan-
> genheit enthaltenen Wenn-dann-Beziehungen analysieren.
> Je erfolgreicher wir die schon bekannte bisherige Realität
> entschlüsseln, desto größer ist unsere Aussicht, aus ihr mit-
> tels Schlussfolgerungen die künftige abzuleiten.[94]

Wenn – dann: Künftige Tatsachen ergeben sich nach entschlüs-
selbaren Mustern aus vergangenen Tatsachen. Das erklärt die
Genauigkeit demographischer Prognosen. Die Frauen, die in
den nächsten vierzig Jahren schwanger werden, wurden bereits
geboren – das ist die vergangene Tatsache. Die zukünftige Tatsache – die Zahl ihrer Lebendgeburten – bestimmt sich anhand
ökonomischer und soziokultureller Faktoren.

Natürlich unterliegen solche Faktoren der Veränderung. Doch
in einer einzigen Generation, wenn von Millionen Individuen
die Rede ist, tut sich wenig. Daher ist es möglich, Geburtenzah-
len für Zeiträume von bis zu zwei Generationen, also etwa einem
halben Jahrhundert, weitgehend exakt vorherzusagen.

Die asynchrone Bevölkerungsdynamik zwischen Afrika und der
übrigen Welt wird zum markantesten demographischen Phänomen des 21. Jahrhunderts. Diese Dynamik – massive Zuwächse in
Afrika, Stagnation oder Rückgang auf anderen Kontinenten, vor
allem in Europa – verändert die Weltbevölkerung. In den entwickelten Industriegesellschaften sinkt die Zahl der Autochthonen
heute schon. Ab der Jahrhundertmitte schrumpfen dann auch
China und Indien. Weder die Amerikas noch das übrige Eurasien
werden den Rückgang kompensieren.

---

94 Birg, *Die alternde Republik*, S. 127 f.

Einzig Afrika wächst. Der Kontinent fährt demographisch Achterbahn. Im 16. Jahrhundert stellte er rund 20 Prozent der Weltbevölkerung, um 1900 noch 8 Prozent. Bis 2100 werden es wieder 40 Prozent sein. Drei Viertel aller Neugeborenen im 21. Jahrhundert kommen südlich der Sahara zur Welt.[95] Lagos, die nigerianische Hauptstadt, wird zur nächsten Jahrhundertwende die weltweit größte Metropole sein: 88 Millionen Einwohner.[96] Im 22. Jahrhundert lebt dann jeder dritte Mensch in Afrika, bald darauf die Mehrheit.[97]

Vielleicht beträgt das zahlenmäßige Verhältnis zwischen Europäern und Afrikanern 200 Jahre nach der Kongokonferenz, also 2085, erneut eins zu vier – nur diesmal in umgekehrter Proportion. Wird es wundernehmen, wenn dann auch die Afrikaner nach den europäischen Früchten greifen?

In *The End of Plenty* beschreibt der US-Agronom Joel K. Bourne den Kampf um das tägliche Brot.[98] 2008 in Kairo: Die Weizenpreise steigen inflationsbereinigt auf den höchsten Stand seit neunzig Jahren. Der Brotpreis hat sich verfünffacht. Und Ägypten ist ein armes Land: 40 Prozent der Menschen leben von einem US-Dollar oder weniger am Tag.

Nirgends auf der Welt wird mehr Weizen pro Kopf verzehrt als in Ägypten. Die Wörter für Brot und Leben sind identisch: ›eesch‹. Seit den Pharaonen werden die Ärmsten vom Staat versorgt. Doch plötzlich, im April 2008, bleiben die Regale leer. Früh vor Sonnenaufgang stehen die Menschen Schlange, doch die staatlichen Bäckereien erhalten kein Mehl. Auf dem Schwarzmarkt beträgt der Erlös das Hundertfache.

Die Krise von 2008 bleibt nicht auf Ägypten beschränkt. Seit 2005 steigen die Weltmarktpreise: Mais auf das Dreifache, Reis

---

95 United Nations, World Population Prospects 2022.

96 Daniel Hoornweg und Kevin Pope: Socioeconomic Pathways and Regional Distribution of the World's 101 Largest Cities, Global Cities Institute Working Paper No. 04, Toronto, University of Toronto, Januar 2014.

97 United Nations, World Population Prospects 2022.

98 Joel K. Bourne, Jr.: *The End of Plenty. The Race to Feed a Crowded World*, New York 2015, S. 12 ff.

auf das Fünffache. Die Entwicklung hat das Zeug zur Katastrophe – zwei Drittel der gesamten Kalorienversorgung werden
durch Weizen, Mais oder Reis abgedeckt. Indien, Thailand und
Vietnam verbieten den Reisexport. Russland hat schon 2007 die
Preise für Grundnahrungsmittel eingefroren. In den USA steigt
die Zahl der Empfänger von Lebensmittelmarken bis 2012 auf
46 Millionen. Und trotz reicher Ernten verdoppelt sich der Wei-
zenpreis 2010 ein weiteres Mal.

Die Gründe sind unterschiedlicher Natur. Da ist das Bevölkerungswachstum, weltweit gegenwärtig fast 80 Millionen
Menschen im Jahr. Außerdem schwindet der Effekt der ›Grünen Revolution‹. Dieser Begriff bezeichnet die Züchtung von
Hochertragssorten der wichtigsten Getreide seit 1960. Das Potential ist zunehmend ausgeschöpft. Auch die Konkurrenz durch
Biokraftstoffe fällt ins Gewicht. In den USA werden fast 40 Prozent der Maisernte zu Treibstoff verarbeitet. Eine Jahresernte
Biosprit-Mais in den USA hat so viele Kalorien, wie ganz Afrika
in einem Jahr zum Überleben braucht.[99]

Nicht zu unterschätzen ist auch die Rolle der institutionellen
Investoren.[100] Im Frühjahr 2012 hielten Goldman Sachs, Morgan
Stanley und Barclays Capital 61 Prozent der weltweit gelisteten
Weizen-Futures-Kontrakte. Auf dem Höhepunkt der Preis-
krise 2010 strich Goldman Sachs Gewinne von 600 Millionen
Pfund Sterling ein. Barclays Capital war schon im Jahr zuvor um
340 Millionen Pfund reicher geworden.[101]

Die Versorgungskrise wurde zur Triebkraft der Arabellion, des
Arabischen Frühlings. Was im Dezember 2010 mit der Selbstver-
brennung eines tunesischen Gemüsehändlers begann, war im
Kern eine Kette von Hungeraufständen und nur an der medialen
Oberfläche – anders als im europäischen Feuilleton dargestellt –

99 Ebd., S. 125.

100 Vgl. Michael W. Masters: Testimonial Before the Committee on Homeland
Security and Governmental Affairs, United States Senate, 20.5.2008, hsgac.
senate.gov.

101 Grace Livingstone: The Real Hunger Games. How Banks Gamble on Food
Prices – and the Poor Lose Out, Independent.co.uk, 31.3.2012.

eine Revolution urbaner Mittelschichten. Die Armen wollten bezahlbares Brot für ihre Kinder.

* * *

Am Ende bestimmt ein einziger Faktor den Raum, der uns zum Leben taugt: das Wasser. Wasser ist das Elixier. Ein Kleinkind besteht zu 85 Prozent aus Wasser, ein Erwachsener zu 70 Prozent, ein Greis immer noch zur Hälfte. Der Mensch kann wochenlang ohne Nahrung leben, aber keine sechs Tage ohne Flüssigkeit.

Wie haben wir uns die Zwei-Grad-Welt zu denken? Für das Wachstum von Nutzpflanzen sind die Niederschläge zwischen Aussaat und Ernte entscheidend, ihre Regelmäßigkeit und Intensität. Wolkenbruch oder Nieselregen macht einen gewaltigen Unterschied. Die Schwemmlandwirtschaft entlang der Flüsse Euphrat, Tigris, Indus, Nil und Jangtse schuf die Voraussetzungen für das Entstehen der Zivilisation. Die meisten von ihnen entspringen in Gebirgsmassiven. Wenn es dort Gletscher gibt, bewahren Eis und Schnee das Wasser für die regenarme Zeit.

Dadurch dass die Passatwinde, Meeresströmungen und Monsune aus dem Lot geraten, ändert sich das. Der 2300 Kilometer lange Colorado, auch Amerikanischer Nil genannt, speist sich aus den Schneefeldern der Sierra Nevada, der Kaskadenkette und der Rocky Mountains. Auf deren Höhen ist ein Vielfaches der Wassermenge aller Talsperren in Eis und Schnee gebunden. Doch ungekannte Hitzerekorde verglühen die Vegetation. Wo in der Vergangenheit smaragdgrüne Rasenflächen an die Wüste grenzten, zeigt das Satellitenbild verdorrtes, vertrocknetes Gras. 2015 konnten bis zu fünf Prozent des kalifornischen Ackerlands nicht bewirtschaftet werden. Auch die Fischereierträge brachen ein. 2016/17 folgten, charakteristisch für die neue Zeit, sintflutartige Regenfälle mit massiven Überschwemmungen. Manche Flüsse führten vierzigmal mehr Wasser als normal.

Doch was ist noch normal? Sein Mündungsdelta im Golf von Kalifornien erreicht der Colorado, der aus der Sierra Nevada

kommend den majestätischen Hoover Dam durchfließt, seit
Jahrzehnten nicht mehr. Sein Wasser wird auf anderthalb Millionen Hektar Ackerland verteilt. Statistisch wird jeder Colorado-
Tropfen, bevor er im Wüstensand versickert, 17-mal eingesetzt:
zur Stromerzeugung, zur Bewässerung, in der Industrie.

In Asien hängt das Überleben eines Fünftels der Menschheit von
den Gletschern des Himalaya und des tibetischen Hochlands ab.
Dort entspringen der Mekong, der Brahmaputra, der Ganges, der
Indus, der Gelbe Fluss, der Jangtse und andere – Lebensgrundlage
eines riesigen Dreiecks mit den Spitzen Pakistan, Nordchina und
Südostasien. Das System ruht auf zwei Säulen: dem Sommermonsun und den Eis- und Schneespeichern der Gebirge. Am mächtigen Himalayariegel staut sich die Luftfeuchtigkeit, die Gletscher
speichern die Niederschläge. In guten Jahren wandern die satten,
regenschweren Wolken weiter, dann tragen sie ihr Wasser bis an
die Grenzen der Inneren Mongolei. Das in Eis und Schnee gespei-
cherte Wasser sorgt für die Flusspegel in der monsunlosen Zeit.
Über eineinhalb Milliarden Menschen sind darauf angewiesen.
    So war es in der Vergangenheit. Doch die Ozeane erwärmen
sich schneller als die Luft. Nun ist der Monsun aber auf die
Temperaturdifferenz zwischen Wasser und Land angewiesen.
Nicht nur der Ozean wird wärmer – wärmer wird es auch in
7 000 Meter Höhe. Bei der Everest-Erstbesteigung 1953 reichte die Zunge des welthöchsten Gletschers Khumbu noch fünf
Kilometer tiefer ins Tal. Sind die Schneefelder erst zusammen-
geschmolzen, prasselt der Regen auf nackten Fels und rauscht in
Kaskaden von Wasserfällen talwärts. Wo jetzt noch das Wasser
breiter Ströme behäbig zum Meer fließt, schießen dann Flut-
wellen durch ausgetrocknete Flussbetten. Das Szenario gehört
zur Zwei-bis-drei-Grad-Welt und wird um die nächste Jahrhundertwende Realität.

In Südasien kulminiert die Entwicklung im Einzugsbereich des
Indus. Entlang der pakistanisch-indischen Grenze erstreckt sich

das größte zusammenhängend bewässerte Gebiet der Welt. Es ist
eine extrem fruchtbare Region, sattes Schwemmland, von majestätischen Strömen durchzogen. Schon während der Teilung
der englischen Kronkolonie 1947 entspann sich ein Streit um die
Nutzungsrechte des Wassers, das dem Kailash-Massiv in West-
tibet entspringt. Seit 1960 bewässern die drei östlichen Flüsse in-
disches Territorium, die drei westlichen pakistanisches.

Lange Zeit erfüllte diese Vereinbarung ihren Zweck. Im heutigen Pakistan lebten 1947 nur 34 Millionen Menschen. Damals
entfielen auf jeden Einwohner im Schnitt 5 300 Kubikmeter Wasser im Jahr. Heute sind es 200 Millionen; da bleiben nur noch
1 000 Kubikmeter pro Kopf und Jahr. Da der Indus wirtschaftlich
intensiv genutzt wird, gelangt auch kaum noch Flusswasser bis
ins Mündungsdelta. Seit Jahren dringt Meerwasser ins Landes-
innere vor, inzwischen bis 80 Kilometer weit. Schon ist eine Million Hektar Farmland versalzt. Die einst 900 000 Deltabewohner
verlieren ihre Lebensgrundlage, ihre Dörfer verwüsten.

Gwynne Dyer hat ein mögliches Szenario beschrieben, einen
indisch-pakistanischen Wasserkrieg.[102] Südlich des Himalaya,
in Pakistan, Nordindien, Nepal und Bangladesch, ist die Ernäh-
rungsgrundlage von mehr als einer Dreiviertelmilliarde Menschen bedroht. Die Kombination aus Bevölkerungswachstum
und Gletscherschwund führt zu einem handfesten Konflikt.
Man muss den Krieg nicht wie Dyer auf 2036 datieren. Die Jah-
reszahl ist sekundär. Maßgeblich sind Verlauf und Ausgang, maßgeblich ist die Welt danach:

> Am sechsten Tag hatte sich der Atomkrieg aus Mangel an
> Langstreckenwaffen totgelaufen; aus dem De-facto-Waffen-
> stillstand – nachdem Übergangsregierungen das unter Kon-
> trolle bekommen hatten, was von ihren Ländern übrig war –
> wurde ein paar Tage später eine verbindliche Vereinbarung.

102 Dyer, *Climate Wars*, S. 111 ff.

Mit den Strahlungsopfern im ersten Nachkriegsmonat lag
die Zahl der Toten in Indien und Pakistan bei vier- bis fünf-
hundert Millionen, auch wenn es exakte Zahlen niemals
geben wird. Für die Chinesen wirkte der Himalaya wie ein
Schutzwall, doch trieb der vorherrschende Wind hohe Do-
sen radioaktiven Niederschlags nach Bangladesch, Burma
und Nordthailand. Dort starben in der Folge ebenfalls Millionen. Zwar reichte die Zahl der gezündeten Sprengköpfe
nicht aus, um einen »nuklearen Winter« herbeizuführen.
Dennoch bewirkte der in die Atmosphäre gewirbelte Staub
im Sommer 2036 auf der Nordhalbkugel einen Temperatur-
rückgang von einem Grad Celsius.[103]

Jede Veränderung produziert auch Gewinner. Etwa in Russland: Indem die Anbaugrenzen für Getreide nach Norden wandern, steigt
der russische Anteil an der landwirtschaftlich nutzbaren Fläche des
Planeten. Gegenwärtig sind es neun Prozent. Auch in Skandina-
vien, Kanada und im Norden der USA werden die Hektarerträge
steigen. Die Farmer in Indiana, Illinois, Ohio, Michigan und Wis-
consin können ihre Weizenernten verdoppeln. Ähnliches gilt für
Mais und Kartoffeln, oder für Zitrusfrüchte in Florida.[104]
    Auch in Nordchina wachsen die Ernteaussichten. Dass ausge-
rechnet die gemäßigten und kalten Klimazonen der Nordhalbkugel von der Erderwärmung profitieren, mag zynisch erscheinen.
Schließlich trägt der Globale Norden die größte Verantwortung
für die Treibhausgas-Emissionen der vergangenen 200 Jahre.
Der Natur ist es egal.

* * *

Die Verlierer leben in den Tropen, dem Gürtel zwischen den
Wendekreisen, heute 40, zur Jahrhundertmitte 50 Prozent der

---

103 Ebd., S. 120.
104 Lynas, *Six Degrees*, S. 88 f.

Weltbevölkerung. Dort liegt das Pro-Kopf-Einkommen bei einem Viertel der gemäßigten Zonen. Am unteren Ende der Armutsskala finden sich die tropischen Binnenstaaten in Afrika: Tschad, Niger, Mali, Burkina Faso, Uganda, Ruanda, Burundi, Zentralafrikanische Republik, Simbabwe, Sambia, Lesotho.

Südlich der Sahara liegen zwei Megatrends auf Kollisionskurs: das Bevölkerungswachstum und die klimabedingten Einbußen der Landwirtschaft. Den Trends entgegen steht die Zuversicht, den Klimawandelfolgen mithilfe des Fortschritts beizukommen. Vorbild ist die Grüne Revolution, der die Welt zuvor ungekannte Ertragssteigerungen bei den wichtigsten Kulturpflanzen verdankt.

In ihrem Ursprung war sie das Werk eines der berühmtesten Agronomen des 20. Jahrhunderts, des US-Amerikaners und Nobelpreisträgers Norman Borlaug. Dieser war 1944 beauftragt worden, Lösungsvorschläge für die notorisch ertragsschwache, rostpilzbedrohte Weizenwirtschaft in Mexiko zu erarbeiten. Seine Erkenntnis: Neue Sorten waren vonnöten, ergiebigere, widerstandsfähigere.

Mit unermüdlicher Hingabe kreuzte er Weizenpflanzen aller Kontinente. 5 000 Kreuzungen später besaß er zwei hinreichend rostpilzresistente Exemplare, die er wiederum mit ertragsstarken Varianten kreuzte. Allerdings hielt das hochwachsende Ergebnis dem Wind nicht stand. Erst die Kreuzung mit japanischen Zwergsorten brachte nach Jahren den Durchbruch: einen ertragsstarken, kurzhalmigen Weizen, der Wind und Rostpilz gleichermaßen gewachsen war. Im warmen Mexiko ließ er sich sogar zweimal jährlich ernten. Binnen zweier Jahrzehnte hatte sich Mexikos Weizenernte verzehnfacht.[105]

Es war ein Quantensprung. Im Mittelalter lag der durchschnittliche Weizenertrag in England bei einer halben Tonne je Hektar. Gegen Mitte des 20. Jahrhunderts waren es zwei Tonnen. Die Grüne Revolution brachte eine Verdreifachung auf sechs Tonnen.

---

[105] Bourne, *The End of Plenty*, S. 55 ff.

Bei anderen Nutzpflanzen waren die Ergebnisse ähnlich. Besonders erfolgreich waren die Forscher bei Reis, dem weltweit wichtigsten Grundnahrungsmittel. Vor der Einführung von Hochertragssorten lag der Hektarertrag bei einer Tonne. 1966 kam dann der »Wunderreis« IR8 auf den Markt: wachstumsstark, kurzstämmig, widerstandsfähig und ertragreich. Unter optimalen Bedingungen – Sonnenschein, Feuchtigkeit und Nährstoffe – rang IR8 einem Hektar Ackerland bis zu elf Tonnen ab.[106]

Nach den Erfolgen in Mexiko widmete Borlaugs Team sich dem flussreichen Punjab entlang der indisch-pakistanischen Grenze. Dort wurden traditionell Weizen und Ölsaaten angebaut; der Ertrag deckte nicht einmal den regionalen Eigenverbrauch. Inzwischen hat sich die Ernte verzehnfacht. Die Region, die nur 1,5 Prozent des indischen Territoriums umfasst, produziert heute 10 Prozent des indischen Getreides.

Die Grüne Revolution war entscheidend für den Rückgang der weltweiten Unterernährung von 30 Prozent Mitte des 20. Jahrhunderts auf 12 Prozent um 2000.[107] Während die asiatische Bevölkerung von 1970 bis 1995 um 60 Prozent wuchs, verdoppelte sich die asiatische Getreideernte. Binnen einer Generation stand den Menschen ein Drittel mehr Getreidekalorien pro Kopf zur Verfügung.[108] In absoluten Zahlen ist das Ergebnis noch eindrucksvoller: 1950 konnte die Welt gerade einmal 1,7 Milliarden Menschen angemessen ernähren, heute sind es fast 7 Milliarden.

Inzwischen offenbaren sich jedoch die Schattenseiten. Neben intensiver Düngung – kein Boden der Welt bevorratet die Nährstoffe für derartige Hektarerträge – benötigen die Hochertragssorten viel Wasser. Hinzu kommt der krass gestiegene Einsatz von Pestiziden und Düngemitteln. Die ausgebrachten Gifte schaden

---

[106] Ebd., S. 66.

[107] Ebd., S. 56.

[108] International Food Policy Research Institute: Green Revolution – Curse or Blessing?, Washington, D.C. 2002.

nicht nur Schädlingen. Zudem sind Dünger und Pestizide teuer, was eine Erklärung dafür ist, warum die Grüne Revolution an Subsahara-Afrika weithin vorübergegangen ist. Seit Jahrzehnten werden dort je Hektar im Schnitt nur 9 Kilogramm organischer Dünger ausgebracht – in Asien sind es inzwischen fast 100 Kilogramm.

Das ändert sich, seit ausländische, vor allem chinesische Agrarinvestoren in großem Stil in Afrika einsteigen. Ein Motiv ist die wachsende Nachfrage nach Tierfutter für die Fleisch- und Fischproduktion. Im Zuge der Globalisierung sind weltweit zahlungskräftige Mittelschichten entstanden. Der chinesische Pro-Kopf-Verbrauch von Schweinefleisch hat sich seit Beginn der Wirtschaftsreformen 1978 auf fast 40 Kilogramm mehr als vervierfacht (in Deutschland sind es nach rückläufigen Jahren noch rund 42 Kilogramm).

Allerdings verlangt die Produktion von einem Kilogramm Muskelfleisch den Einsatz von rund zehn Kilogramm Getreide oder Kraftfutter, beispielsweise Soja. Das erklärt die explodierende Nachfrage nach Ackerflächen für den Anbau von Futtermitteln. Besonders China steht unter Druck. Mit nur einem Viertel der landwirtschaftlich nutzbaren Fläche der USA muss der chinesische Agrarsektor mehr als viermal so viele Menschen ernähren. 1995 wurde China zum Soja-Importeur; seit 2000 haben sich die Importe versechsfacht. Fast zwei Drittel des weltweiten Sojaexports gehen inzwischen an Kunden im Reich der Mitte. Auch bei Reis und anderen Getreiden sind die Chinesen seit Langem keine Exportnation mehr.[109]

Also kauft und pachtet China Agrarflächen im Ausland, vor allem in Afrika und Lateinamerika. In Mosambik, wo die UdSSR vor 1990 riesige Kombinate errichtete, entwickeln brasilianische und japanische Unternehmen einen Agro-Korridor von der Größe des US-Bundesstaats North Carolina – eine 10 000-Hektar-Farm nach der anderen. Dort wird ausschließlich Soja für den chinesischen Markt produziert.

109 Bourne, *The End of Plenty*, S. 102 ff.

Mosambik ist ein armes Land mit geringer Bevölkerungsdichte. Die bäuerliche Betriebsgröße liegt bei durchschnittlich
eineinhalb Hektar. Aber Mosambik verfügt über natürliche Häfen und über Millionen Hektar Brachland. Land, das es in China
nicht mehr gibt. Und Peking lässt sich nicht lumpen: In den vergangenen Jahren finanzierte man den Mosambikanern zwei große Flughäfen, ein Parlamentsgebäude, ein Fußballstadion und
den Präsidentenpalast.[110]

So kommt die Grüne Revolution doch noch nach Afrika. Aber
kommt sie auch zu den Afrikanern? Chinas Engagement zeigt
die reale Dynamik. Die Investitionen fließen von außerhalb; viel
Geld landet in den Taschen der Politiker und Staatsdiener; die
Erzeugnisse, ob Soja, Tee, Tabak, Zuckerrohr, grüne Böhnchen
oder was sonst noch, verlassen den Kontinent.

Mama Afrika wird zur Leihmutter.

Die Gebiete südlich der Sahara sind die einzigen der Welt, wo
die Pro-Kopf-Erzeugung von Nahrungsmitteln seit 1960 gesun-
ken ist. Die Ursachen liegen in den hohen Geburtenraten gepaart
mit dem Ausbleiben der Grünen Revolution. Gleichzeitig steht
der Kontinent vor der Aufgabe, die Produktion von Nahrungsmitteln bis 2050 zu verdreifachen – anders wird dem Wachstum
bei der Bevölkerung, beim Einkommen und bei der Urbanisierung nicht zu begegnen sein.[111]

Bald nach 2050 wird die Weltbevölkerung 10 Milliarden Menschen betragen. Der Höhepunkt folgt dann gegen Ende des
Jahrhunderts mit rund 10,5 Milliarden.[112] In absoluten Zahlen
ist das ein Zuwachs von 2,5 Milliarden gegenüber 2022. Mit jeder zusätzlichen Milliarde steigt der Verbrauch von Reis (oder

110 Ebd., S. 294 f.
111 Ebd., S. 277.
112 United Nations, World Population Prospects 2022.

anderer Getreide von vergleichbarem Nährwert) um 100 Millionen Tonnen im Jahr. Die weltweite Ernte muss also bis 2090 von rund 600 Millionen auf an die 900 Millionen Tonnen wachsen. Das bedeutet entweder eine Vergrößerung der Anbaufläche oder eine Steigerung des Hektarertrags.

Reichlich Fläche steht zur Verfügung. Von den Landflächen des Planeten sind 5 Milliarden Hektar landwirtschaftlich nutzbar. Viel davon ist Weideland, nur ein Teil taugt zum Anbau von Getreide. Gegenwärtig sind fast 1,5 Milliarden Hektar unter dem Pflug. Auf einer Milliarde wächst Tierfutter, auf 260 Millionen Hektar Nahrungsmittel, 100 Millionen Hektar werden stofflich genutzt (z. B. Baumwolle) und 55 Millionen zur Produktion von Bioenergie.[113]

Die Erzeugung von Tierfutter belegt also fast viermal so viel Fläche wie die von Getreide, Obst, Gemüse und Ölfrüchten zusammen. In der Tat ist es der Fleischkonsum, der das Agrobusiness zu einer sexy Angelegenheit für Investoren macht. Die Zahlen sprechen für sich: Seit 1960 hat sich der weltweite Verzehr von Fleisch, Fisch und Meeresfrüchten mehr als verdreifacht, der von Geflügel verzehnfacht. Dabei decken Fleisch und Fisch im Mittel nur 9 Prozent des menschlichen Kalorienbedarfs; selbst in den fleischversessenen USA sind es nicht mehr als 14 Prozent.[114]

Beispiel Deutschland: Für unseren Fleischverbrauch werden pro Kopf der Bevölkerung auf 1 000 Quadratmetern Futtermittel angebaut.[115] Das sind zusammen 8 Millionen Hektar – 70 Prozent des deutschen Ackerlands. Doch so viel steht gar nicht zur Verfügung – also kommt es zu den boomenden Futtermittelimporten aus den USA, aus Lateinamerika und künftig aus Afrika.

Zurück zu der Frage, wo die zusätzlichen 250 Millionen Tonnen Getreide bis zum Jahr 2090 herkommen sollen. Nun, wenn

---

113 Umweltbundesamt: Globale Landflächen und Biomasse nachhaltig und ressourcenschonend nutzen, Dessau-Roßlau 2012.

114 National Geographic: What the World Eats, NationalGeographic.com, 2022.

115 WWF Deutschland: Fleisch frisst Land, Berlin 2011.

260 Millionen Hektar ausreichen, um 8 Milliarden Menschen zu ernähren, müssen nach Adam Riese bei 10,5 Milliarden Menschen weitere 80 Millionen Hektar unter den Pflug. Bei einer Ackerlandreserve von einer Milliarde Hektar, auf denen derzeit nur Futtermittel angebaut werden, sollte das kein Problem sein.

Es gibt sogar einen Plan B: Allein in Afrika liegen 300 Millionen Hektar fruchtbares Ackerland dauerhaft brach oder werden als Weideland genutzt.[116] Hat Afrika also doch das Zeug zur Kornkammer der künftigen Milliarden?

Gemach! »Grau, teurer Freund, ist alle Theorie, und grün des Lebens goldner Baum«, wusste schon Mephisto.[117] Solange der Markt die Verhältnisse regelt, bestimmt im Wettlauf zwischen Hunger und Reichtum die dickere Hose den Ausgang. Will sagen: Solange es keinen globalen Souverän gibt, bleibt die bedarfsgerechte Zuteilung von Ressourcen eine Illusion, auch die von Ackerflächen und Nahrung.

Die gar nicht so wenigen Souveräne, die vorhanden sind, agieren im Rahmen ihrer Macht und ihrer Interessen. Im Zentrum steht nicht das Wohlergehen der Spezies. Konkret ist die Reallokation von Ackerland, auf dem heute profitables Soja wächst, sehr unwahrscheinlich, solange der zuständige Souverän und die dicken Hosen sich verbünden. Außer der Hunger wird plötzlich zahlungskräftig. Aber das ist eher unwahrscheinlich.

Wird es bei den 300 Millionen Hektar afrikanischen Brachlands anders sein? Weniger als ein Drittel würde ausreichen, um zweieinhalb Milliarden zusätzliche Erdenbürger zu ernähren. Doch die Flächen liegen in souveränen Staaten. Wer zwingt die Potentaten, Präsidenten und Kriegsherren, im Namen der ›Menschheit‹ Getreide zu pflanzen? Die Chinesen? Die haben Besseres zu tun – aus ihrer Sicht.

Auch der Glaube an Marktmechanismen wird nicht helfen. Dabei sollte alles ganz einfach sein: Getreide wird knapp – der

---

116 Bourne, *The End of Plenty*, S. 284.
117 Johann Wolfgang von Goethe: *Faust. Eine Tragödie*, v. 2038–39.

Getreidepreis steigt – mehr Getreide wird angebaut. In der Realität ist jedoch der Markt nichts und der Brotpreis alles. Sobald dieser ein bestimmtes Niveau erreicht, untersagt der Souverän den Export von Getreide und subventioniert die Importe. So halten sich die Mächtigen an der Macht.

Wer in Afrika Getreide anbauen will, muss damit leben, dass bei steigenden Preisen ein Ausfuhrverbot droht. Das gilt auch für die Chinesen, weshalb sie den lokalen Herrschern Paläste bauen und Soja pflanzen. Die schwer verdauliche *Glycine max* ist als Grundnahrungsmittel ungeeignet. Auch die westlichen Agrarinvestoren, wenn sie das afrikanische Risiko nicht scheuen, bauen dort lieber Futtermittel an.

Vielleicht raffen die Afrikaner sich ja irgendwann dazu auf, ihre riesigen Brachen aus eigener Kraft zu entwickeln. Oder die USA verabschieden sich von ihrem Biosprit. Der Menschheits-Souverän, der im Namen des Guten alles besser macht, lässt jedenfalls auf sich warten.

Inzwischen ist das Potential der Grünen Revolution weitgehend ausgereizt. In Regionen mit besonders intensivem Anbau, etwa im Punjab, sind die Erträge sogar rückläufig. Die Preise steigen – auch ohne Kriege in der Ukraine und anderswo. Bleibt die Frage, wovon die zweieinhalb Milliarden Menschen, die im 21. Jahrhundert zusätzlich geboren werden, sich ernähren sollen. Das Projekt Getreide für Arme statt Tierfutter für Reiche wird so einfach nicht umzusetzen sein. Natürlich kommen Brachflächen unter den Pflug, und mit der Elektrifizierung des Straßenverkehrs geht auch der Anbau von Biosprit zurück. Aber ob das reicht?

Eine Alternative heißt Grüne Revolution 2.0 – im Kern eine nochmalige Ertragssteigerung der wichtigsten Agrarpflanzen, diesmal auf dem Wege genetischer Manipulation. Schon 1973 wurden rekombinante, im Labor künstlich hergestellte DNA-Moleküle vorgestellt. Seither lebt die Hoffnung, die Flächenerträge durch Eingriffe in das pflanzliche Erbgut deutlich zu steigern. Um es vorwegzuschicken: Einen Durchbruch gab es bislang nicht, allenfalls Teilerfolge in Randgebieten. Charakteristisch für die Gentechnik ist zudem ihr schlechter Ruf.

Beispielhaft ist die Diskussion um das Unkrautbekämpfungsmittel Glyphosat. Der Alleskiller selbst ist kein gentechnisches Produkt. Es ist aber möglich, Feldfrüchte gentechnisch gegen sein Gift zu immunisieren. Die Einführung der Sojabohne Roundup Ready durch das US-Unternehmen Monsanto 1996 war der erste wirkliche Hit, den die grünen Gentechniker landen konnten. Roundup Ready: eine transgene Sojabohne mit vollkommener Glyphosat-Resistenz.

Die Farmer, die das Saatgut ebenso kaufen müssen wie das Herbizid, ersparen sich die aufwendige Bodenbearbeitung vor der Aussaat. Einige Glyphosat-Spritzgänge je Saison, und nichts wächst mehr – außer der transgenen Sojabohne, die somit zur Nutznießerin allen Lichts, aller Feuchtigkeit und aller Nährstoffe wird. 2014 spross Roundup Ready auf über 80 Prozent der weltweiten Soja-Anbauflächen. Bald schon waren andere Glyphosatresistente Kulturpflanzen im Angebot: Mais, Raps, Soja, Baumwolle, Luzerne und Zuckerrüben.

Inzwischen kippt die Stimmung. Die Glyphosat-Hersteller kämpfen nicht nur an der medizinischen (und der juristischen) Front. Mehr und mehr Schadpflanzen entwickeln natürliche Resistenzen. 2012 klagte fast die Hälfte der US-Farmer, die ausschließlich mit transgenem Saatgut arbeiteten, über Glyphosatresistentes Superunkraut. Die davon befallene Fläche hatte sich innerhalb von zwei Jahren annähernd verdoppelt.

Die akute Gefahr ist, dass sich zur Kombination aus Hitze und Trockenheit, versiegendem Schmelzwasser und zunehmenden Wetteranomalien neue Pestizidresistenzen hinzugesellen. Der Agronom Bourne bemerkt, dass seit Anfang der 2000er-Jahre keine einzige neue Herbizidklasse registriert worden ist. Im Wettlauf mit der Evolution neuer Resistenzen gerät die Agrarchemie ins Hintertreffen.[118] Das bedeutet, dass

118 Bourne, *The End of Plenty*, S. 234 f.

auch die Hektarerträge der Grünen Revolution 1.0 nicht für alle Zukunft gesichert sind. Obendrein ist völlig offen, ob – und wann! – die Gentechnik eine Version 2.0 hervorbringen wird. Im schlimmsten Fall ist die Grüne Revolution Geschichte, bevor die Version 2.0 marktreif ist.

Es gibt noch andere Denkansätze. Schon Norman Borlaug hatte versucht, die Stickstofffixierung, eine besondere Eigenschaft vieler Hülsenfrüchtler, auf Getreidepflanzen zu übertragen. Zu den Hülsenfrüchtlern (oder Leguminosen) gehören Bohnen, Erbsen, Linsen und Soja. In Symbiose mit Knöllchenbakterien binden sie molekularen Stickstoff N2 direkt aus der Atmosphäre.

Getreide und andere Nutzpflanzen, die dazu nicht in der Lage sind, holen sich das lebensnotwendige Element aus dem Erdreich. Das setzt den aufwendigen Einsatz von Dünger voraus. Den atmosphärischen Stickstoff hingegen gibt es umsonst – ein großer Anreiz, lebenswichtigen Pflanzen wie Reis, Mais oder Weizen die Veranlagung zur Stickstofffixierung genetisch zu implantieren.

Bislang sind die Erfolge begrenzt. Robert Fraley, der ›Vater der Biotechnologie‹ und ehemalige Monsanto-Cheftechnologe, kommentierte 2009: »Von Stickstofffixierung bei Mais habe ich schon lange nichts mehr gehört.«[119] 2022 ist man nicht wesentlich weiter.[120] Das muss nichts bedeuten – mit jedem Fortschritt bei der DNA-Sequenzierung werden die Grenzen des Möglichen gedehnt. Die Frage ist nur, in welchem Zeitraum aus einer wissenschaftlichen Errungenschaft ein marktfähiges Produkt wird und wie lange es dauert, bis es den Markt durchdringen und erobern kann.

Noch ein anderes Konzept setzt bei der Photosynthese an. Je mehr Kohlenstoff eine Pflanze absorbiert, desto schneller

[119] Ebd., S. 235.
[120] Ralf Nestler: Auswege aus der Düngerkrise, Tagesspiegel.de, 10.5.2022.

wächst sie. In den meisten Fällen wandelt sie das Kohlendioxid in ein Molekül mit drei Kohlenstoffatomen um; das sind die sogenannten C3-Pflanzen. Andere, etwa bestimmte Gräser, Zuckerrohr, Mais oder Hirse, speichern den Kohlenstoff in einem Essigsäuremolekül mit vier C-Atomen – die C4-Pflanzen. In wärmeren Umgebungen minimiert das den Feuchtigkeitsverlust.

Wenn es gelänge, die Kohlenstoffabsorption aller Getreide gentechnisch auf C4 umzustellen, wäre das Resultat ein Biomasseaufbau mit Turbolader. Grundsätzlich sollte dieser Eingriff machbar sein. In der Evolution war die Entstehung von C4-Pflanzen kein singuläres Ereignis – mehr als 60-mal kam es zu einer derartigen Mutation. Transgene Reispflanzen mit der entsprechenden Erbinformation existieren bereits. Die Marktreife steht allerdings frühestens in den 2030er-Jahren an.[121]

Die Grüne Gentechnik polarisiert ähnlich wie das Klima- und das Geo-Engineering. Die einen lehnen jegliche großskalige, das heißt systemisch in Naturzusammenhänge eingreifende und diese verändernde Technologien ab. Die anderen hängen am Fortschritt wie an einem heilsgeschichtlichen Plan. Entsprechend differieren die Welt- und Menschenbilder. Vereinzelt wird auch zwischen den Lagern gewechselt. Der oben zitierte Klimajournalist Mark Lynas, der noch 2007 die sich aufheizende Welt in düstersten Farben malte, legte vier Jahre später das Buch *The God Species* vor, eine Handlungsanweisung für das Überleben, vor allem aber eine Ode an Technik und Wissenschaft.

> Bei der Erderwärmung geht es nicht um übermäßigen Konsum, Moral, Ideologie oder Kapitalismus. [...] Sie ist ein technisches Problem und damit weitgehend technischen Lösungen zugänglich. [...] Der Klimawandel ist zur Gänze innerhalb des vorherrschenden Wirtschaftssystems lösbar.

[121] Transparenz Gentechnik: Fernziel C4-Reis. Evolutionssprung bei der Fotosynthese, TransGen.de, 12.3.2018.

Mehr noch, jedes andere Herangehen ist mit großer Wahrscheinlichkeit zum Scheitern verurteilt.[122]

Angesichts des Kommenden wird der Mensch sowieso alle Register ziehen: Anpassung und Widerstand, Fortschritt und Akzeptanz, Demut und Wille zum unbedingten Erfolg. Wenn es also um das tägliche Brot in den vor uns liegenden Jahrzehnten geht: Was wissen wir bestimmt, was können wir glauben, was dürfen wir hoffen?

Wir wissen, dass die Weltbevölkerung bis Ende des Jahrhunderts um weitere 2,5 Milliarden wachsen wird. Wir wissen auch, dass der Löwenanteil dieses Zuwachses auf die Gebiete südlich der Sahara entfällt. Und wir wissen, dass die Zwei-Grad-Welt in der zweiten Jahrhunderthälfte kommen wird.

Wir glauben, dass die heutigen Hektarerträge in der Landwirtschaft mittelfristig gefährdet sind. Wir glauben auch, dass die Ernährung der hinzukommenden Milliarden empfindliche Preissteigerungen mit sich bringt. Wir glauben *nicht*, dass die vorhandenen staatlichen und nichtstaatlichen Institutionen in der Lage sind, die globale Versorgung mit Grundnahrungsmitteln bedarfsgerecht zu steuern.

Wir hoffen, dass der wissenschaftlich-technische, gesellschaftliche und politische Fortschritt Wege findet, das Auseinanderklaffen von Angebot und Nachfrage bei Nahrungsmitteln so gering wie möglich zu halten.

Am 11. Dezember 1970 erhielt Norman Borlaug den Friedensnobelpreis für sein Lebenswerk. Geradezu prophetisch beschwor er in seiner Dankesrede die alles entscheidende Bedeutung der Bevölkerungszahl:

Die Grüne Revolution ist ein vorübergehender Erfolg im Kampf des Menschen gegen Hunger und Entbehrung; sie

---

[122] Mark Lynas: *The God Species. Saving the Planet in the Age of Humans*, London 2011, S. 66.

hat dem Menschen eine Atempause geschenkt. Umfänglich eingesetzt, kann die Revolution genügend Nahrungsmittel für die kommenden drei Jahrzehnte bereitstellen.
Doch das beängstigende Potential der menschlichen Vermehrung muss eingedämmt werden; anderenfalls wird der
Erfolg der Grünen Revolution rasch verfliegen.[123]

Borlaugs Denkansatz erinnert an einen Pionier der Demographie,
den englischen Pfarrer und Nationalökonomen Thomas Robert
Malthus. Dieser hat als Erster die Zusammenhänge zwischen
Bevölkerungswachstum und Bodenertrag untersucht. Seine
Hauptthese, 1798 formuliert: Landwirtschaftliche Erträge wachsen in linearer, die Bevölkerung in geometrischer Progression.
Das bedeutet, dass die Zahl der Menschen schneller wächst als
die Nahrungsmenge, die ihr zur Verfügung steht.

Malthus kannte nur die Bedingungen des späten 18. Jahrhunderts. Die Agrarwissenschaft war rudimentär entwickelt, die
Gentechnik noch gar nicht. Frühere Ertragssteigerungen verdankten sich der im Mittelalter eingeführten Fruchtfolge und
dem Eisenpflug. Danach haben weitere Erkenntnisse die Ernten
reicher gemacht. In der zweiten Hälfte des 20. Jahrhunderts bewirkte dann die Grüne Revolution, dass die Nahrungsmenge für
einige Jahrzehnte rascher wuchs als die Weltbevölkerung.

Im Grundsatz widerlegt wurde Malthus nie. Sein Argument
steckt auch in Borlaugs Warnung vor dem furchterregenden Potential der Vermehrung. Doch die 30-jährige Atempause, von der
Borlaug 1970 sprach, wurde nicht genutzt. Zu Beginn der Grünen
Revolution lebten drei Milliarden Menschen auf der Erde. 1999
waren es doppelt so viele, bis 2040 werden es dreimal so viele
sein. Als Mark Lynas noch nicht zu einem verbissenen Technik-
Optimisten mutiert war, umriss er ein Szenario, vor dem man
instinktiv zurückschreckt:

---

123 Norman Borlaug: Nobel Lecture. The Green Revolution, Peace and Humanity,
Oslo, 11.12.1970.

Wenn die Temperaturen die Zwei-Grad-Grenze übersteigen, wird man künftigen Hungerkatastrophen kaum mehr vorbeugen können. [...] Anfangs Millionen, dann Milliarden Menschen werden einen zunehmend härteren Überlebenskampf führen, während die steigenden Temperaturen den Anbau von genügend Nahrungsmitteln zu einer immer schwierigeren Aufgabe machen.[124]

Die Natur scheint uns wie ein totes Ding, eine Bühne blinder, sinnloser Kräfte. Manche hat der Mensch gezähmt. Er hat die Meere gedämmt und die Flüsse begradigt, beherrscht Feuer und Blitz, hat Krankheiten besiegt und das Atom gespalten. Kein Tier ist uns gewachsen, erst recht keine Pflanze. Schon die prähistorischen Vorfahren haben die Fauna dezimiert: Mammute, Großnashörner und Riesenalke, Buschochsen, Säbelzahnkatzen und Riesenkängurus. Die Industriegesellschaft betreibt das Zerstörungswerk in der x-ten Potenz.

Was wir vergessen haben: Die Natur ist viel mehr als ihre organische und anorganische Oberfläche. Die ist nur Hülle, Camouflage eines dicht gesponnenen Netzes endloser Rückkopplungen. Auf ihre Art ist die Natur lebendig. Wenn wir ihre Kohlenstoffspeicher verbrennen, quittiert sie das mit dem Lächeln der Erderwärmung. Wollen wir ihr mehr entlocken, als uns zusteht, lehrt sie uns, was Mangel ist. Sie verwehrt uns den Regen, lässt das Korn am Halm verdorren und die Wälder vertrocknen. Einst hat sie uns ideale Bedingungen geboten, eigentlich seit Beginn des Holozäns. Doch jetzt verwehrt sie uns die Huld. Der Mensch ist in Ungnade gefallen, darin liegt das Unheimliche. In Schauern läuft es uns über den Rücken. Alles wird anders. Was hat die Natur mit uns vor?

Es sind Singularitäten unseres Erdzeitalters: die Erwärmung und die demographische Explosion in Afrika. Zwei Drittel des welt-

124 Lynas, *Six Degrees*, S. 91

weiten Bevölkerungswachstums im 21. Jahrhundert konzentrieren
sich auf den Raum südlich der Sahara. Dort, von der Wüste bis
Südafrika, erstreckt sich der tropische Gürtel, der 80 Prozent der
riesigen afrikanischen Landfläche bedeckt. Wie ein Doppelschlag
erschüttern beide Veränderungen diesen Raum: die steigenden
Bevölkerungszahlen und die steigenden Temperaturen. Man mag
suchen, wie man will – es existiert kein auch nur halbwegs realistischer Vorschlag, wie Afrika dem begegnen soll, oder die benachbarten Kontinente, oder die ganze Welt. Die Politiker flüchten
sich in Floskeln, schwärmen vom »Humankapital« in Gestalt
einer riesigen Jugendkohorte, von Afrika als Zukunftskontinent.

Keiner sagt, was kommt und was wird.

Derweil stehen Hunderte Millionen Afrikaner vor der Frage:
Und ich? Wem die Zukunft zu ungewiss ist, der sucht sich eine
andere, selbst wenn dahinter nicht mehr als die Hoffnung steckt,
sich am eigenen Schopf aus dem Morast zu ziehen. Vor die Wahl
gestellt, zu verhungern oder die Heimat zu verlassen, machen
sich die Menschen auf den Weg. Ins nächste Dorf, in die nächste
Stadt, ins nächste Land. Irgendwann auf den nächsten Kontinent.

Noch schlafen wir gut gebettet, 2050 ist ewig weit weg. Und
erst 2100! Doch selbst im wohlbestallten, wohlbehüteten
Deutschland erreicht uns die Erkenntnis, dass die Verhältnisse
ins Rutschen geraten. Sie gehorchen uns nicht mehr. Das Unheimliche, von dem die Rede war und noch sein wird, hat seine
Vorhut ausgesandt.

V.
WANDERUNGEN

Ceuta und Melilla sind zwei spanische Exklaven in Marokko. Sie bilden die einzige Landgrenze zwischen Europa und Afrika, nicht mehr als 35 Kilometer. Lange Zeit haben Europäer dort geherrscht: griechische Kolonisten, nach den Punischen Kriegen das Römische Reich, ab dem 5. Jahrhundert die germanischen Vandalen, später eine westgotische Kolonie. Im 8. Jahrhundert kamen Berber und Araber. Im 15. Jahrhundert wurden die spätmittelalterlichen Städte im Zuge der Reconquista erobert. Seither sind sie in spanischem Besitz.

Anfang der 1990er wurde entlang der 35 Kilometer ein Zaun gebaut. Da war der Migrationsdruck schon spürbar. Der Zaun trennt Spanien und Marokko, ist inzwischen sechs Meter hoch und doppelt gestaffelt. Sieht man vom Fehlen eines Schießbefehls und mannscharfer Hunde ab, stellt er die Berliner Grenzbefestigung vor 1989 in den Schatten.

Der Zaun symbolisiert auch das Verhältnis der beiden Kontinente: Furcht hüben, Hunger drüben. Kein Hunger, der die Magenwände zerfrisst. Die jungen Männer, die den Zaun erklimmen, sind muskulös und gut genährt. Es ist der Hunger nach mehr, nach Gelegenheit und erfüllten Träumen, nach den Perspektiven eines Kontinents, der aus der Ferne betrachtet Manna vom Himmel verspricht.

Trotz der gestaffelten Rollen NATO-Draht schaffen es jedes Jahr einige Hundert, den Zaun zu überwinden. Die meisten werden abgeschoben, einige schlagen sich ins gelobte Land durch. Sie kommen aus ganz Afrika, die wenigsten aus Marokko selbst. Viele harren monatelang aus, versuchen es wieder und wieder, reißen sich an den scharfen Drahtzähnen blutig, scheitern und warten auf das nächste Mal.

Gäbe es die marokkanischen Politiker nicht, dann könnte die Anlage auch zehn oder zwanzig Meter hoch sein – es würde nicht helfen. Als das Verhältnis zwischen der EU und Marokko im Mai 2021 vorübergehend angespannt war, winkte die Polizei, die den Zugang zum Strand bewacht, Tausende Migranten durch. Schwimmend oder in Schlauchbooten gelangten sie in die Exklaven; der Zaun reicht nur wenige Meter ins Meer hinein.

Ohne die Kooperation der Staaten im Süden und Osten des Mittelmeers hielte Europa dem Migrationsdruck schon heute nicht stand. Schon das römische Kaiserreich delegierte den Grenzschutz an Klientelfürsten – Verbündete an der Reichsperipherie oder sogenannte Foederaten, auf Reichsterritorium angesiedelte Stämme ohne Bürgerrecht. Heute sind das die Marokkaner, die Libyer, die Türken. Milliarden fließen, damit andere – nicht wir Römer, wir Europäer – Zuwanderer abschrecken, abwehren und zurückweisen.

Der Druck steigt. 2013 kamen 1,5 Millionen Fremde aus Nicht-EU-Staaten in die Union, 2019 waren es schon 2,7 Millionen. 2020 sank die Zahl infolge der Covid-Pandemie auf 1,9 Millionen.[125] Die Migrationstreiber sind Kriege, Bürgerkriege und Aussichtslosigkeit. Noch ist die Kombination aus Bevölkerungswachstum und Erderwärmung nur Zukunftsmusik. Doch Wanderungen bis zur nackten Hungermigration sind programmiert.

Die europäischen Gesellschaften, vor drei Generationen überwiegend monokulturell geprägt, durchleben eine umfassende Metamorphose. In Deutschland lag der Bevölkerungsanteil mit Migrationshintergrund von außerhalb der EU 2020 bei 17 Prozent. In der Altersgruppe unter sechs Jahren waren es (einschließlich EU-Binnenmigration) 40 Prozent.[126] Vergleicht man die Alterspyramiden der autochthonen und der zugewanderten Bevölkerung, wird offenbar: Nach dem Ableben der letzten geburtenstarken Jahrgänge um die Jahrhundertmitte erhält Europa ein neues Gesicht.[127]

---

[125] Eurostat: Migration and Migrant Population Statistics, März 2022.

[126] Bundeszentrale für politische Bildung: Bevölkerung mit Migrationshintergrund I, bpb.de, 1.1.2022.

[127] Eurostat and European Migration Network: Annual Report on Migration and Asylum 2021. Statistical Annex, Juni 2022.

Wie die Physik kennt auch die Geschichte den Horror vacui, die Unmöglichkeit des Nichts. Wo eins sich zurückzieht, greift ein anderes Raum. Afrika ist die Wiege der Gattung, Ursprung der transkontinentalen Migration vor mindestens 70 000 Jahren. Im Holozän wurde es zum Verliererkontinent, verachtet, verkannt, versklavt. Die mittelalterlichen Reiche Mali in Westafrika oder Munhumutapa im heutigen Simbabwe waren schon bei der Ankunft der Europäer verfallen. Die Ruinen von Groß-Simbabwe, Steinmauern von mykenischen Dimensionen, bezeugen Kulturen, die aus der Zeit gefallen sind.

Und doch, wenn man den Prognosen traut, werden im 22. Jahrhundert erneut die meisten Menschen Afrikaner sein. Wie vor Jahrzehntausenden, als Grüppchen moderner Afrikaner aufbrachen und begannen, die Arabische Halbinsel, Indien, Eurasien, den Pazifik und die Amerikas zu besiedeln.

Afrika ist so viel mehr. Gerade weil es unsere Urheimat ist, rührt es an verborgene, verdrängte Saiten. Für die hellhäutigen Nachfahren verkörpert es Faszinosum und Gefahr, befruchtet Ängste und Sehnsüchte gleichermaßen, provoziert Zuschreibungen in der Hoffnung, die Kräfte des Kontinents zu bannen. Pauschale Etiketten bezeichnen einen Raum, der sich jeder Beschreibung entzieht: die »Négritude« des ersten senegalesischen Präsidenten, Léopold Sédar Senghor, Miriam Makebas »Mama Africa«, das »Africanistan« des Franzosen Serge Michailof[128], Donald Trumps »shithole countries«. Ein Außenseiterkontinent, Magnet der Genies und Verwirrten: Joseph Conrad, Ernest Hemingway, Bruce Chatwin.

In Träumen suchen wir Afrikas Hallen,
Traumbarrieren gegen die Tiefe, wenn die Meere,
verstört, den Lauf der Gezeiten
in die verlassenen Räume lenken, zu den Wurzeln der Liebe.
Da ist kein Ende. Wie traurig ist dann

---

[128] Serge Michailof: *Africanistan. L'Afrique en crise va-t-elle se retrouver dans nos banlieues?*, Paris 2015.

sogar der Kongo. Wie die müden Sirenen
dem Wasser entrinnen, nicht um berührt zu werden,
sondern sich auf den Felsen des Donners auszustrecken.
Wie traurig ist dann sogar das Wundervolle.[129]

Afrika 2085 wird nicht das Afrika von 1885 sein, dem Jahr der
Kongokonferenz. Gestern, Heute und Morgen wettstreiten seit
Langem: Kral und Wolkenkratzer, Misswirtschaft und Modernität, Boko Haram und Globalisierung. Während afrikanische
Talente an US-Eliteuniversitäten studieren, führt der fundamen-
talistische Islam seinen Kampf gegen die westlich-säkulare Kultur
nirgends so brutal wie in Afrika. Für Stephen Smith, der sich bei
Ernst Blochs »Gleichzeitigkeit des Ungleichzeitigen« bedient, widerlegt Afrika die Vorstellung, Fortschritt sei eine Perlenschnur
chronologischer Entwicklung.[130]

Afrika ist unterentwickelt, sicherlich. Aber es ist nicht »zu-
rückgeblieben« – es ist anderswo. Die Gleichzeitigkeit von
»alt« und »neu« hier ist einzigartig, sie ist viel stärker als in
anderen Teilen der Welt. Und nirgendwo sonst als südlich
der Sahara sind die Zeiten derart ineinander verschach-
telt mit solch gegensätzlicher Gewalt, manchmal kreativ,
manchmal destruktiv, aber immer ein Abbild der vielen Ju-
gendlichen, die gleichzeitig Speerspitze des Fortschritts wie
auch Vandalen sind, gleichzeitig Macher und Bremser.[131]

Unübersehbar ist die Präsenz des Kapitals. Noch vor vierzig Jahren
war sie ein Privileg des äußersten Südens und der nigerianischen
Hauptstadt Lagos. Dort führte der Ölboom schon in den 1970ern
zu den absurdesten Auswüchsen. Doch nach wie vor bestimmen
die Rohstoffexporte das fette Geld. Wo es keine Rohstoffe gibt,
zählen die Transferzahlungen der Migranten. 2014 überwiesen

129 Robert E. Duncan: *The Years as Catches. First Poems, 1939–1946*, London 1966.
130 Ernst Bloch: *Erbschaft dieser Zeit*, Frankfurt am Main 1973, S. 104.
131 Smith, *Nach Europa!*, S. 102.

die Ausgewanderten 62,9 Milliarden US-Dollar, das war mehr als alle ausländischen Direktinvestitionen (56,6 Milliarden) oder die gesamte Entwicklungshilfe aus dem Norden (54,1 Milliarden).[132] 2018 betrugen die Überweisungen allein nach Subsahara-Afrika 46 Milliarden Dollar.[133] Das ist Geld, das bei den Familien, den kleinen Leuten ankommt. Die Dollarmilliarden aus den Rohstoffexporten versickern in wenigen, dafür umso tieferen Taschen.

Hinter diesen Zahlen verbirgt sich die Entstehung einer afrikanischen Mittelschicht. Einer bescheidenen Mittelschicht: In Afrika bedeutet Mittelschicht ein Einkommen von monatlich 60 bis 600 Dollar. So viel verdienen fast 40 Prozent der Bevölkerung. Die übrigen zwei Drittel leben von weniger als 1,25 Dollar am Tag – vielerorts sind es nur einige Cent. Existenzen in bitterer Armut. Auf der Nadelspitze der sozialen Pyramide lebt eine winzige Gruppe Reicher und Superreicher, 2022 angeführt von achtzehn Dollarmilliardären, darunter fünf Schwarze. Die übrigen sind Weiße, Araber und Inder.[134]

Der Mangel an Perspektive offenbart sich in den volkswirtschaftlichen Eckdaten. Afrika trägt nur zwei oder drei Prozent zum Welthandel bei, zur weltweiten Wertschöpfung nicht einmal zwei Prozent. Allein die Energiewirtschaft: 2015 produzierte der ganze Kontinent von Kairo bis Kapstadt so viel Strom wie Spanien oder Argentinien, Staaten mit jeweils weniger als fünf Prozent der Bevölkerungszahl Afrikas.[135] Afrika verfügt zwar über ein Drittel der weltweiten Rohstoffreserven, doch jenseits punktueller Erfolge kommt es wirtschaftlich auch drei Generationen nach der Unabhängigkeit nicht auf die Beine.

Die Welt, in die ein afrikanischer Teenager heute hineinwächst, hat wenig mit traditionellen Bindungen zu tun, umso mehr mit

---

132 Michailof, *Africanistan*, S. 23.
133 The World Bank: Record High Remittances Sent Globally in 2018, WorldBank. org, 8.4.2019.
134 Forbes: Africa's Billionaires. 2022 Ranking, Forbes.com, August 2022.
135 Smith, *Nach Europa!*, S. 118 ff.

Ambitionen und Hoffnung. Nur liegt deren Erfüllung nicht im heimatlichen Dorf, nicht in der Provinzstadt, immer seltener in der Metropole. Ohne Ende strömen ehrgeizige junge Menschen, junge Männer zumeist, in die Wirtschaftszentren. Und je größer die Konkurrenz, desto geringer sind die Aussichten auf einen Platz an der Sonne.

Gleichzeitig spült das Internet die Projektionen der großen, weiten Welt in jede Funkzelle. Drei Viertel der Menschen südlich der Sahara besitzen eine SIM-Karte, ein Drittel ein Smartphone. Die hohen Kosten schrecken nicht; wer jung ist und auch nur ein paar Dollar am Tag übrig hat, ist online dabei.

Im Ergebnis leben die Menschen in unterschiedlichen Realitäten. Die eine ist zum Anfassen: korrupt, aussichtslos und von Misswirtschaft gebeutelt. Die andere erschließt sich auf Knopfdruck. Es müssen gar nicht die Schönen und Reichen in Hollywood sein. Die Migranten in den Auslandsgemeinden genügen vollauf, jene, die den Weg nach Norden hinter sich haben und in den sozialen Medien ihre Erfolge herausstellen. (Vom Scheitern ist nie die Rede, erst recht nicht vom Abrutschen in die Kriminalität.)

Diese Diaspora – Menschen mit demselben kulturellen und sprachlichen Hintergrund in den Zielländern – wird zum Anlaufpunkt aller, die sich auf den Weg machen. Unter den Motiven der Auswanderung misst der Ökonom Paul Collier der Diaspora eine ausschlaggebende Bedeutung bei: »Je größer die […] Auslandsgemeinde wird, desto stärker nimmt die Migration zu.«[136]

Im idealtypischen Modell zielt Auswanderung auf die Angleichung der Lebensbedingungen in den Ziel- und Herkunftsländern. Die Diaspora dient als Auffangbecken, als Schleuse zwischen Ankunft und Assimilation. Das Modell muss jedoch versagen, wenn das Bevölkerungswachstum in den Herkunftsländern eine Angleichung unmöglich macht – ein Zustand, der für das 21. Jahrhundert charakteristisch ist.[137] Collier erkennt

---

136 Paul Collier: *Exodus. Warum wir Einwanderung neu regeln müssen*, München 2014, S. 51.
137 Ebd., S. 50 ff.

darin ein »Ungleichgewicht von enormem Ausmaß«, die jede
Hoffnung auf Angleichung illusorisch werden lässt.[138]
Entscheidend für den Migrationsdruck ist das Verhältnis von
Wirtschaftswachstum und Bevölkerungsentwicklung. Nach
1990, als das afrikanische Bruttoinlandsprodukt trotz manchen
Auf und Abs jährlich bis über sechs Prozent wuchs, war von nen-
nenswerter Migration keine Rede. Das blieb so bis zum Ende
der Rohstoff-Hausse nach 2010. Seither wachsen die Volkswirtschaften südlich der Sahara um weniger als drei Prozent im Jahr,
vornehmlich in den bevölkerungsreichen Ländern Südafrika,
Nigeria und Angola. Die Stagnation wird zum Signal an die am-
bitionierte Jugend, sich nach neuen Ufern umzusehen. Die europäische Zuwanderungsstatistik kann es bezeugen.

* * *

2017 lebten in der EU (plus Norwegen und Schweiz) insgesamt
5,2 Millionen Nordafrikaner und 4,15 Millionen Afrikaner aus Ländern südlich der Sahara. Das ergibt in der Summe gut 9,3 Millionen
Migranten aus Afrika.[139] Die statistische Trennung ist sinnvoll, da
man in den Aufnahmeländern mehrheitlich zwei Herkunftsregio-
nen unterscheidet: die arabische, der man die Nordafrikaner zu-
rechnet, und die schwarzafrikanische (um den in der Vergangenheit üblichen Begriff zu verwenden).
Die große Mehrheit der über vier Millionen Subsahara-Afrikaner in Europa verteilt sich auf vier Länder: 1,3 Millionen leben in
Großbritannien, nicht ganz eine Million in Frankreich, die übrigen in Italien und Portugal. Dabei wird auch die Bedeutung der
Diaspora als Katalysator neuer Migration offensichtlich. Warum
sollte der Wunsch, die Heimat zu verlassen, ausgerechnet in Ghana, Nigeria, Kenia, Südafrika und im Senegal so tief verwurzelt
sein? Im Senegal würden 46 Prozent, besäßen sie die Mittel und

---

138 Ebd., S. 57.
139 Pew Research Center: At Least a Million Sub-Saharan Africans Moved to
    Europe Since 2010, PewResearch.org, 22.3.2018.

Möglichkeiten, ihre Koffer packen, in Ghana sogar 75 Prozent. Die Erklärung liegt auf der Hand. Die Diasporas der fünf genannten Länder bilden die größten afrikanischen Auslandsgemeinden nördlich des Mittelmeers.[140]

Die Faktoren Frustration, Internet, verfügbares Kapital und Diaspora verdichten den Migrationswillen. Im Englischen heißt das Phänomen ›middle-class migration‹. Gut ausgebildete junge Menschen, gemessen am Bedarf ihrer Volkswirtschaften sehr oft überqualifiziert, erfahren im Internet von den Perspektiven auf anderen Kontinenten. Zwar gibt es auch südlich der Sahara Diktatur und Korruption, Krieg und Bürgerkrieg. Menschenrechte sind weithin ein Fremdwort, Unterernährung ist an der Tagesordnung, besonders im Sahel. Trotzdem kommen keine Flüchtlinge mit Hungerbäuchen über das Mittelmeer. Eine Reportage des *Wall Street Journal* vermittelt ein realistisches Bild:

Westafrika ist die Heimat einiger der wachstumsstärksten Volkswirtschaften der Welt, aber auch wichtiger Herkunftsländer von Migranten. Dabei ist die Zahl der Todesfälle entlang der Route hoch. Doch das kann die aufstrebenden Senegalesen nicht beirren. Auf Facebook tauschen Studenten Tipps aus, wie man Polizei und Banditen aus dem Weg geht. »Seid einfach nur höflich«, war der Rat, den Ibrahima Sidibé, ein 28-jähriger Student an der senegalesischen Elite-Uni Cheikh Anta Diop, von einem Freund erhielt. Viele Studenten dort, so Sidibé, zahlen den Schleppern ihr ganzes Stipendium für die Reise ins libysche Tripoli. Sogar Professoren machen sich, zusammen mit Polizisten, Verwaltungsbeamten und Lehrern, auf die Reise nach Norden, sagt der senegalesische Migrationsmister Souleymane Jules Diop. »Die Menschen gehen nicht, weil sie nichts haben – sie wollen etwas Besseres und mehr«, sagt Diop. »Es ist ihr Ehrgeiz.«[141]

[140] Ebd.
[141] Drew Hinshaw: Young Men in Senegal Join Migrant Wave Despite Growing Prosperity at Home, WSJ.com, 12.6.2015.

Mittelschichts-Auswanderung ist eine Investition. Die Groß-
familie legt ihr Erspartes zusammen, um einem Spross die Pas-
sage nach Norden zu finanzieren. Diese kostet immerhin einige
Tausend Dollar. Insofern gleicht das Profil der afrikanischen Migranten demjenigen der 60 Millionen Europäer, die im 19. und
frühen 20. Jahrhundert ihre Heimat Richtung Amerika verließen.
Die Ärmsten der Armen blieben auch damals zu Hause – das
Ticket über den Atlantik gab es nicht für umsonst.

Stephen Smith nennt zwei Bedingungen: eine kritische Masse
zahlungskräftiger Auswanderungswilliger und die Diaspora als
Brückenkopf.[142] Die Diaspora ist Informationsquelle und siche-
rer Hafen zugleich. Ein Anlaufpunkt, von dem der Auswanderer
weiß, dass er dort Unterstützung findet. Im Übrigen wächst ihre
Bedeutung mit der kulturellen Entfernung zwischen Herkunfts-
und Aufnahmeland. Je fremder die neue Umgebungskultur,
desto intensiver suchen Einwanderer die Nähe ihresgleichen.
Das erklärt die hohe Konzentration afrikanischer Migranten an
wenigen Orten. Dass diese Konzentration den Bestrebungen
der Aufnahmeländer entgegenwirkt, Immigranten zu integrieren
oder gar zu assimilieren, liegt auf der Hand.

Nehmen wir zum Beispiel an, es gibt zwei Herkunftsländer:
ein kulturell nahes – Fast-wie-wir-Land – und ein fernes –
der »Mars«. Einwanderer aus Fast-wie-wir-Land werden
schneller absorbiert als jene vom Mars, und während die
Auslandsgemeinde wächst, vergrößert sich einerseits der
Anteil der Einwanderer vom Mars und verringert sich andererseits deren Absorptionsrate.[143]

Die Lage der Afrikaner, die ihre Heimat nur noch als Wartesaal
begreifen, beschreibt Smith als »mittlerweile eher frustrierend als
zum Verzweifeln«. Er schätzt die Zahl der Migrationswilligen in

142 Smith, *Nach Europa!*, S. 138.
143 Collier, *Exodus*, S. 98.

der ersten Jahrhunderthälfte auf bis zu 150 Millionen – basierend auf einer Berechnung, die er für Mexiko angestellt hat.[144] Das entspricht einem Viertel der mit nicht ganz 40 Prozent angesetzten afrikanischen Mittelschicht – berücksichtigt aber nicht die bis 2050 zu erwartende Bevölkerungsverdoppelung.

Für die Gegenwart markieren die 150 Millionen den äußersten Horizont des Migrationspools, das theoretische Maximum. Theoretisch schon deshalb, weil die Schlepperkapazitäten den Größenordnungen in keiner Weise gewachsen sind. Oft nimmt der Transfer Jahre in Anspruch, nur für die wirklich Zahlungskräftigen ist die Sache mit zwei, drei Flugreisen binnen weniger Tage erledigt. Die Sahara ist auch im 21. Jahrhundert eine mörderische Hürde, ganz zu schweigen von der Feindseligkeit vieler in uralter Verachtung ihrer dunkelhäutigen Nachbarn vereinten Araber und Berber.

Von Massenmigration aus den Gebieten südlich der Sahara kann um 2020 noch keine Rede sein. Von 2008 bis 2017 hat die EU (plus Norwegen und Schweiz) gerade mal eine Million Subsahara-Afrikaner aufgenommen.[145] Das ist eine Zahl, die kaum ins Gewicht fällt angesichts der fast 2,7 Millionen Nicht-EU-Bürger, die allein 2019 in die Union kamen.[146] Doch es geht nicht um die Gegenwart, sondern um das Jahrhundert. Und um den Doppelschlag aus Bevölkerungsexplosion und Erderwärmung.

* * *

In Deutschland liegt die letzte Hungersnot über siebzig Jahre zurück. Neun Monate nach Kriegsende, im Februar 1946, lebten 100 Millionen Menschen in den ehemaligen Achsenmächten Deutschland, Österreich und Italien von maximal 1 500 Kilokalorien am Tag.[147] Im April 1946 betrug die Ration für Zivilpersonen

---

144 Smith, *Nach Europa!*, S. 171.
145 Pew Research Center, At Least a Million Sub-Saharan Africans.
146 Eurostat, Migration and Migrant Population Statistics.
147 Victor Gollancz: *Leaving Them to Their Fate. The Ethics of Starvation*. London 1946, S. 28.

in der britischen Besatzungszone 1 000 Kilokalorien, in der französischen 950 und in der amerikanischen 1 275. In den Großstädten enthielten die Hungerrationen gerade 800 Kilokalorien.[148]

Hilfslieferungen des Roten Kreuzes und anderer Organisationen hatten die Siegermächte im ersten Nachkriegsjahr verboten. Sogar bereits gespendete Nahrungsmittel aus Irland und der Schweiz durften nicht ins Land.[149] Eine zwei Monate anhaltende Jahrhundertkälte Anfang 1947 forderte allein in Deutschland mehr als 200 000 Todesopfer.

Drei Generationen später leben wir inmitten praller Fleisch- und Käsetheken, bunter Berge aus glänzendem Gemüse. Weckt das Wort ›Hunger‹ noch Angst? Wir wissen nicht mehr, wie er riecht, wie er schmeckt, wie er sich anfühlt. Unsere Instinkte sind verdorrt. Wir haben keinen Begriff von seiner Gegenwart, einer Macht, die grausamer ist als Fäulnis, Schmutz, Armut und Ekel. Wochenlang schleicht er hinter gelben Gesichtern, stiehlt den Augen Leben und Licht. Er zerstört Verstand und Anstand, macht zum Tier, bevor er tötet. Der Tod kann ein Anfang sein; Hunger ist das Ende.

Hunger im Zeitalter moderner Landwirtschaft ist menschengemacht: Krieg, Bürgerkrieg, Unterdrückung, Vertreibung, Völkermord. 104 Millionen Hungertote seit 1870 hat die World Peace Foundation errechnet, davon 74 Millionen im 20. Jahrhundert: der Holodomor der Sowjetkommunisten, die deutsche Taktik der verbrannten Erde an der Ostfront 1941–45, Mao Zedongs Großer Sprung nach vorn in den 1950er-Jahren, die Roten Khmer in Kambodscha zwanzig Jahre später.[150]

Hungersnöte aufgrund von Naturkalamitäten gibt es nur noch in Afrika. Wenn in der Sahelzone das Getreide ausgeht und keine staatliche oder internationale Hilfe kommt, schleppen sich

---

[148] Ebd., S. 17 ff.

[149] Lorenz Jäger: Zum Hunger trat der »weiße Tod«, FAZ.net, 27.12.2009.

[150] Batul Sadliwala und Alex de Waal: The Emerging Crisis. Is Famine Returning as a Major Driver of Migration?, MigrationPolicy.org, 15.11.2018.

die Menschen in die nächste Stadt. Als Migranten treten sie gar nicht in Erscheinung. Überhaupt ist schwer vorherzusagen, wie Klimawandel und Migration interagieren. Es fehlt an Erfahrung. Die Kleine Eiszeit stieß keine Massenauswanderung an, und über die Rolle des Klimas bei den Völkerwanderungen der Spätantike lässt sich nur spekulieren. Das Gleiche gilt für die späte Bronzezeit. Entsprechend dünn ist die Forschungslage.[151]

> Die Suche nach den Begriffen ›Hungersnot‹ UND ›Migration‹ bei Google Scholar bringt etwa 150 000 Ergebnisse. Prüft man deren Qualität, ist nur eine Handvoll relevant. […] Die Wissenschaftler konzentrieren sich ganz überwiegend auf die Auswirkungen von Hungersnot auf Sterblichkeit, Fruchtbarkeit und Flüchtlingshilfe und nicht auf das Wie, Wann, Wer usw. im Verhältnis von Hungersnot und Migration.[152]

Die letzte nicht primär auf Menschenwerk zurückzuführende Hungersnot in Europa war um 1847 An Gorta Mór, der Große Hunger in Irland. Sie bietet auch die beste Datenlage. Zwischen 1845 und 1852 verließen zwei Millionen Iren ihre Heimat Richtung USA und Kanada; eine dritte Million verhungerte. Das Land verlor über ein Drittel seiner Bevölkerung, ein Aderlass in den Dimensionen der mittelalterlichen Pest.

Verantwortlich war die Kartoffelfäule – obschon die Politik der englischen Herrscher zu diesem Ausmaß beitrug. Der aus den USA eingeschleppte Pilz vernichtete nach 1845 mehrere Jahre lang teils mehr als die Hälfte der Ernten.

Ausfälle solcher Größenordnung stürzen ganze Systeme. Im Sommer 1789 mussten die Franzosen 90 Prozent ihres durch-

---

151 Vgl. David Laborde et al.: What Is the Link Between Hunger and Migration?, The International Institute for Sustainable Development 2017.
152 Sadliwala und de Waal, The Emerging Crisis.

schnittlichen Haushaltseinkommens für Brot aufwenden.[153] Vom alten Ägypten über den Sturm auf die Bastille bis zur Arabellion 222 Jahre später – selbst in Nordkorea muss die Elite damit rechnen, hinweggefegt zu werden, wenn sie die Menschen nicht mehr ernähren kann.

Je eines der vier Getreide Reis, Weizen, Hirse und Mais bildet die Ernährungsbasis für 80 Prozent der acht Milliarden. Sie decken zwei Drittel des Kalorienbedarfs der Menschheit. Nur 20 Prozent der Menschen leben in einer Fülle, die kein eigentliches Grundnahrungsmittel mehr kennt: die Bevölkerungen der reichen Länder. Je ärmer eine Volkswirtschaft, desto geringer ist die Versorgungsvielfalt. Fällt das Grundnahrungsmittel aus, gibt es im Zweifel keine Alternative. Dann droht eine Hungersnot. Zwei oder drei Missernten in Folge, und die Probleme springen vom Teller auf die Politik über.

Das sind die Aussichten in der Zwei-Grad-Welt: Für Mittel- und Südamerika, die Zuchtheimat des Maiskorns, werden mit Ausnahme von Chile und Ecuador rückläufige Erträge vorhergesagt. Schon wird daran gearbeitet, die Pflanze gentechnisch dürrefest zu machen. Doch den Aufwand werden sich nur Großagrarier leisten können. Den Kleinbauern leuchtet keine rosige Zukunft.

In Afrika werden allein die Hochlagen Äthiopiens oder Lesothos profitieren; derzeit ist es dort für den Getreideanbau zu kalt. In der überwiegenden Zahl der afrikanischen Länder werden die Erträge sinken. Das trifft besonders die armen Binnenstaaten. Im südafrikanischen Botswana, bislang eine der wirtschaftlichen und sozialen Erfolgsstorys, gehen die Mais- und Hirseerträge um ein Drittel zurück. In Mali wird der Anteil der von Unterernährung bedrohten Bevölkerung auf drei Viertel ansteigen.[154]

---

153 Sylvia Neely: *A Concise History of the French Revolution*, Lanham, Md. 2007, zit. n. Lisa Bramen: When Food Changed History. The French Revolution, SmithsonianMag.com, 14.7.2010.

154 Smith, *Nach Europa!*, S. 89 f.

Das irische Skript ab 1845, Remake im 21. Jahrhundert: Missernte auf Missernte. Mit dem großen Unterschied, dass der Status quo ante nicht wiederkehrt. Die Erwärmung schreitet fort,
die Niederschläge sinken weiter. Durst der Erde, Durst der Pflanzen, Durst des Viehs, Durst der Menschen.

Natürlich sind kleinteilige Prognosen gewagt. Wird die Ernte
ausgerechnet in Botswana schrumpfen? Wird Mali wirklich so
hart betroffen sein? Während die Klimamodelle bei der Tem-
peraturvorhersage halbwegs übereinstimmen, versagt die Mo-
dellierung bei den Niederschlägen. Besser gesagt: Außer Trends
und Tendenzen gibt sie wenig an die Hand.[155] Für die Landwirtschaft sind aber die Niederschläge ausschlaggebend: in den Sa-
vannen zu beiden Seiten des Äquators, zwischen Trockenwüste
und Regenwald.

Es gibt widersprüchliche Signale. Noch zu Beginn des Jahrhunderts expandierte der Sahel zulasten der Sahara; Satelliten-
bilder belegen, wie das Land grünt und die Nutzfläche wächst.[156]
Seither ist die Region regelmäßig Schauplatz langer Dürren und
anschließender Hungersnöte. 2012 lag die Ernte in Mauretanien
und im Tschad unter der Hälfte des Vorjahrs. Anders als in den
Jahren der Hungersnot nach 1970 sind die Dürrejahre heute von
Rekordtemperaturen bis 50 Grad Celsius begleitet.

Gleichzeitig gehört die Region zu den geburtenstärksten der
Welt. Das Paradebeispiel ist Niger mit dem weltweiten Spitzen-
wert von 6,7 Geburten je Frau (2021). Selbst wenn diese Zahl
bis 2050 auf die Hälfte zurückgeht, wird sich die Bevölkerung
auf 50 Millionen verdoppeln.[157] Schon heute gelingt es nicht,
die wachsenden Jahrgänge in den Arbeitsmarkt zu integrieren.

---

155 Alessandro Dosio und Hans-Jürgen Panitz: Climate Change Projections for
    CORDEX-Africa with COSMO-CLM Regional Climate Model and Diffe-
    rences with the Driving Global Climate Models, *Climate Dynamics* 46 (2016),
    S. 1599–1625.
156 Fred Pearce: Africa's Deserts Are in »Spectacular« Retreat, NewScientist.com,
    18.9.2002.
157 Bourne, *The End of Plenty*, S. 311.

2015 waren fast 250 000 Jobs vonnöten, 2035 werden es über 570 000 sein.[158]

Anders als Kalamitäten wie Erdbeben und Vulkanausbrüchen kann der Mensch einer absehbaren Hungersnot proaktiv entkommen. Doch schon das erfordert Geld oder die Zuarbeit Dritter. Außerdem bedarf es einer realen Option. Wenn auf einer einsamen Pazifikinsel die Nahrung ausgeht, kein Schiff anlegt und kein Flugzeug landet, helfen weder Geld noch Gold. Die irischen Emigranten im 19. Jahrhundert hatten das Glück, dass der Auswanderungsbetrieb nach Amerika in vollem Schwange war.

Afrikanische Kleinbauern ziehen, wenn Dürre, Heuschrecken oder militärische Konflikte ihre Existenz bedrohen, an den nächsten Ort, an dem es Hilfsgüter gibt. Werden die Konflikte oder die Missernten zum Dauerzustand, wandert jedenfalls die Jugend in die großen Städte ab. Nicht der Hunger befeuert die Landflucht, sondern die Aussichtslosigkeit. Der Wille, ein besseres Morgen zu erleben. Für die städtische Mittelschicht, die selbst ein prekäres Dasein fristet, sind die Zuwanderer aus den Dörfern Konkurrenz. Wer es sich leisten kann, wird nicht nur die Stadt, sondern auch das Land oder den Kontinent verlassen. Stephen Smith nennt das »Kaskaden des Aufbruchs«.[159]

* * *

Klimabedingte Hungersnöte führen ähnlich wie Bürgerkriege zum Zusammenbruch der öffentlichen Ordnung. Der Failed State wird zur Beute ideologisch-religiöser Gruppierungen oder charismatischer Warlords. Nachbarstaaten und interessierte Mächte mischen mit, schließen Allianzen und bewaffnen je nach Interessenlage die einen oder die anderen. Der Zivilbevölkerung, terrorisiert von einer Soldateska, die keine Zügel kennt, bleibt nur die Flucht.

---

[158] Michailof, *Africanistan*, S. 91.
[159] Smith, *Nach Europa!*, S. 131.

Die Staaten sind das kleinste Glied der internationalen Ordnung, wie Ringe in einem Panzerhemd. Der Ausfall eines einzigen schwächt das Geflecht, schwächt die betreffende Region. Im Nahen und Mittleren Osten, in Nordafrika und im Sahel liegen die Folgen zutage. Es sind die Zutaten der perfekten Krise: Rohstoffreichtum und strategische Bedeutung, die Geographie an einem Schnittpunkt der Kulturen und Religionen, eine konfliktträchtige Geschichte, uralter Hass und uralte Wunden.

Und solche Krisen können zum Dauerzustand werden. Bürgerkriege wachsen sich kaum je zu Weltenbränden aus. Die Nachbarn lernen, damit zu leben, sogar davon zu profitieren. Für viele Beteiligte ist der Krieg auch Lebenszweck; der Krieg ernährt sich selbst. Auf der Strecke bleiben die Frauen, die Kinder, die Alten, die Bauern, die Friedfertigen.

Vor dem Höhepunkt der Arabellion nach 2011 war Afghanistan weltweit die Flüchtlingsquelle Nummer eins.[160] Drei von vier Afghanen waren mindestens einmal auf der Flucht, im In- oder Ausland. In Syrien besteht das halbe Land aus Flüchtlingen, jeweils an die sechs Millionen im In- und Ausland. Weltweit wuchs die Zahl der Menschen, die zwischen 2013 und 2021 unfreiwillig ihre Heimat verließen, von 43 auf fast 95 Millionen an. 45 Prozent von ihnen haben außerdem ihr Land verlassen.[161]

Aus dem Südsudan, seit 2013 Bürgerkriegsschauplatz, waren Ende 2021 über zwei Millionen Menschen in die Nachbarländer geflohen, fast ein Fünftel der Bevölkerung.[162] Weiter westlich beginnt das Reich von Boko Haram, einer radikalislamistischen Bewegung, die westliche Bildung und den säkularen Staat bekämpft. Wie der IS zu seinen Hochzeiten terrorisiert Boko

---

160 BBC News: More Than Seven Million Refugees Displaced in 2012 – UN, BBC. com, 19.6.2013.

161 UNHCR: Global Report 2021. The Stories Behind the Numbers, Genf 2022.

162 UNHCR: South Sudan. Regional Refugee Response Plan, January–December 2021, Genf o. J.

Haram die Zivilbevölkerung.[163] Mehr als drei Millionen haben
dort ihre Heimat verlassen, mehr als fünf Millionen sind von
Unterernährung bedroht.[164]

Das Kerngebiet des Sahel vom Tschad bis Burkina Faso gehört zu den fruchtbarsten Regionen Afrikas – fruchtbar im
Sinne der Geburtenzahl je Frau. Am Übergang von Sahara und
Savanne ist das Produkt aus steigender Bevölkerungsdichte und
schwindender Nahrungsgrundlage mit Händen greifbar. Der an-
schwellende Stress entlädt sich in den sozialen, ethnischen und
religiösen Konflikten, etwa dem blutigen Streit zwischen Hirten-
nomaden und sesshaften Bauern um Wasser und Land.

Der Franzose Serge Michailof beschreibt das Geschehen als
Wiederauflage der jüngeren afghanischen Geschichte. Daher
seine Wortschöpfung »Africanistan«.

Wir müssen feststellen, dass die globale Situation im Sahel, mittelfristig betrachtet, äußerst beunruhigend ist. […]
Unglücklicherweise, und zwar eben weil das Bevölkerungswachstum und der Klimawandel zu der Gleichung beitragen, ist es extrem wahrscheinlich, dass sich die heutige Krise
in eine humanitäre Katastrophe kolossalen Ausmaßes verwandeln wird, mit Auswirkungen auf Dutzende Millionen
Menschen.[165]

Die humanitäre Katastrophe bricht herein. Im Verlauf des 21. Jahrhunderts endet das Business as usual, die gewohnten Missernten,
die gewohnten Kalamitäten, das gewohnte Es-wird-schon. Nein.
Es wird nicht mehr. Das Vertraute verschwindet im Schlund
der Zeit. Und zum Hunger gesellt sich die Flucht vor Krieg und
Bürgerkrieg.

Wenn, wie in dem Szenario beschrieben, im Zeitraum

---

163 Smith, *Nach Europa!*, S. 148.
164 UNHCR: Nigeria Emergency, UNHCR.org, 2021/22.
165 Michailof, *Africanistan*, S. 216.

2025–35 die Sicherheitslage in einem Großteil des Sahel im Chaos zusammenbricht, beträfe diese Katastrophe mindestens 150 Millionen Menschen. Der wirtschaftliche Zusammenbruch und die Sicherheitsrisiken in dem besonders schwierigen Umfeld wären der Auslöser für Wanderungsbewegungen in einem Umfang von mehreren Zehnmillionen Individuen.[166]

In weiten Teilen Afrikas drohen Unterernährung und Hunger. Jeder mag hoffen, dass es anders kommt. Die Mutmacher haben ihr Besteck längst ausgebreitet: die gentechnische Grüne Revolution, die den Hektarertrag explodieren lässt, die groß angelegte Urbarmachung afrikanischer Brachen, die globale Umwidmung von Futtermittelflächen zugunsten von Reis, Mais, Weizen oder Hirse. Die Optimisten glauben fest daran.

Es geht auch nicht nur um Kalorien – viel größere Probleme drohen bei der Wasserversorgung: Trinkwasser für Mensch und Tier, Bewässerung für Landwirtschaft und Gärten, Nutzwasser zur Stromerzeugung, für den Transport, für Flüsse, Seen und Kanäle, für die Fischerei. Schon jetzt kämpft ein Viertel der Weltbevölkerung mit akutem Wassermangel.[167] Den Bewohnern tropischer und subtropischer Metropolen wird regelmäßig der Hahn abgedreht; zwei Drittel der Menschheit leiden unter saisonalem Wassermangel.

Vom vorhandenen Süßwasser, knapp drei Prozent allen H_2Os auf dem Planeten, ist nur ein Hundertstel nutzbar. Der Rest steckt gebunden in den Gletschern Grönlands und der Gebirgsmassive, in der antarktischen Polkappe und dem fossilen Grundwasser in der Erdkruste. Was uns zur Verfügung steht, sind die Flüsse, Seen und das oberflächennahe Grundwasser. Letzteres nutzen wir übrigens ohne Rücksicht auf Verluste. Seit den 1960ern hat sich die

---

[166] Ebd., S. 335.

[167] Rutger Willem Hofste, Paul Reig und Leah Schleifer: 17 Countries, Home to One Quarter of the World's Population, Face Extremely High Water Stress, WRI.org, 6.8.2019.

jährliche Entnahme verdoppelt, und keine Mäßigung ist in Sicht. Noch sichern die Schmelzwasser der Gletschersysteme den Nachschub, von den Rockies und den Anden über die Alpen bis zum Himalaya. Doch irgendwann ist Schicht im Schacht. Schon um 2030 wird die weltweite Nachfrage nach Wasser das Angebot um 40 Prozent übersteigen.[168]

* * *

In Gwynne Dyers Buch *Schlachtfeld Erde* wird auch um Wasser und Kalorien gekämpft. Sechs Jahre vor der Wahl Donald Trumps zum US-Präsidenten malte Dyer sich die künftige Grenze zwischen Mexiko und den USA aus, den Big Fence, eine waffenstarrende, 3000 Kilometer lange Befestigungsanlage mit Minenfeldern und Selbstschussanlagen. Den Ausschlag gibt der Zusammenbruch der staatlichen Ordnung in Guatemala, El Salvador und im Süden Mexikos. Nach jahrelangen Dürren kämpfen dort rebellische Milizen um die Macht, während die verzweifelte Bevölkerung in den Norden flieht. Dort sind die Städte von Zeltlagern und Slums umringt. Hunderttausende ziehen weiter, Woche für Woche, in Richtung Texas, New Mexico und Arizona.

Dwyers Big Fence, der die USA an die 300 Milliarden Dollar kostet, erweist sich als effektiv. Nach blutigen Zwischenfällen versiegt die illegale Migration. Flugzeuge und Patrouillenboote sichern den Golf von Mexiko; auch aus Kuba, Haiti oder der Karibik gelangt niemand mehr in die USA. Letztere kämpfen derweil mit eigenen Problemen: im Westen Missernten und Trockenheit, im Südosten und Osten Tornados, Hochwasser und Überschwemmungen, im Norden Auseinandersetzungen mit Kanada um die Wasserrechte an den Großen Seen.

Schwer wiegen auch die innenpolitischen Folgen. Die Latinos, US-Amerikaner hispanischer Abstammung, geraten in den Verdacht, die Abschottungspolitik an der Südgrenze zu

---

[168] Fred Boltz: How Do We Prevent Today's Water Crisis Becoming Tomorrow's Catastrophe?, WEForum.org, 23.3.2017.

untergraben. Misstrauen und Hass greifen um sich, die amerikanische Gesellschaft verliert ihre integrative Kraft. Das Große Erwachen, eine Volksbewegung evangelikaler Christen, die das unheimliche Jahrhundert als Gottesstrafe empfinden, gründet eine neue Partei: God's Coalition. Sie gewinnt aus dem Stand die Mehrheit im Kongress und stellt den Präsidenten. Amerika verwandelt sich, nichts erinnert mehr an das weltoffene, liberale 20. Jahrhundert.[169]

Dystopie, Wahnvorstellung, Schreckensbild? Es hilft, markante Umbrüche der Vergangenheit zu studieren. Die dunklen Jahrhunderte am Ende der Bronzezeit. Die Reichskrise im 3. Jahrhundert, gerade mal fünfzig Jahre nach der Blüte stabiler Expansion unter Marcus Aurelius.

Dyers Skizze eines indisch-pakistanischen Wasserkriegs fand bereits Erwähnung. Vor der gegenseitigen Zerstörung schmolzen die Himalaya-Gletscher. Binnen weniger Jahre war der Indus trocken gefallen, einst Lebensader des fruchtbarsten Anbaugebiets der Welt: das Szenario für den perfekten Hunger. Zum Politikum wird es, weil die indisch-pakistanische Grenze das Flusssystem in der Mitte durchschneidet. Der Wasservertrag von 1960 war ein praktikabler Kompromiss – bis Erwärmung und Bevölkerungszuwachs ihm die Geschäftsgrundlage entzogen. Den Ausschlag (in Dyers Version der Ereignisse) gibt ein pakistanischer Terroranschlag auf die Turbinen der indischen Bhakra-Talsperre am Oberlauf des Sutlej. In der Folge stürzt die indische Regierung, eine rechtsnationale Koalition kommt an die Macht und mobilisiert die Armee.[170]

Man kann Dutzende ähnlicher Szenarien entwerfen, kann Schuld, Initiative und Verantwortung beliebig verteilen – die Abfolge wird immer die gleiche sein: Eine verarmende, verzweifelte Bevölkerung treibt Politiker und Regierungen vor sich her; ein

---

169 Dyer, *Climate Wars*, S. 75 ff., 181 ff.
170 Ebd., S. 111 ff.

Feind wird ausgemacht, ein innerer oder ein äußerer; Krieg oder
Bürgerkrieg bricht aus; das Unheil nimmt seinen Lauf.

Für Europa hat Dyer kein eigenes Szenario, lediglich einige
Anmerkungen zu den Britischen Inseln. Ihre Lage schützt sie
vor der glühenden Sommerhitze. Wie die ehemaligen Kolonien,
die USA, setzt das alte Mutterland auf Abschottung. Ein Grund
dafür ist, dass Großbritannien und Irland sogar die Drei-Grad-
Welt abwettern können – unter der Bedingung, dass sowohl der
Fleischkonsum als auch die Bevölkerungszahl auf das Strengste
reglementiert werden. Für Zuwanderer ist da kein Platz.[171]

Wollen wir für Kontinentaleuropa eine Prognose wagen? Seit
der Vorgeschichte lösen groß angelegte Wanderungen Domino-
effekte aus. Konkret bedeutet das: Zuwanderung nach Westeuropa bewirkt Abwanderung aus Westeuropa. Wir erkennen das
in der Gegenwart. Auswanderungsratgeber boomen, das Thema
bewegt weite Teile der Mittelschicht.[172] In den Jahren 2005 bis
2021 haben 792 000 mehr Bundesdeutsche das Land verlassen, als
zurückgekehrt sind.[173] Das Tabuwort ›Überfremdung‹ liefert ein
nicht unwesentliches Motiv.

Es entstehen auch Nester des Widerstands; bei Spannungen
stehen sie als Konfliktreserve zur Verfügung. Wohlgemerkt, es
geht hier nicht um 2030, sondern um die Jahrhundertmitte und
danach. Die Wahrnehmung der verlorenen Heimat ruft nicht
nur Toleranz und Freude hervor. Schon wächst in Frankreich –
fille aînée de l'Église – das Kontingent der Katholiken, die sich
dem laizistischen Staat und der vatikanischen Amtskirche gleichermaßen entfremden, darunter viele Jüngere.[174] Noch ist

---

171 Ebd., S. 181 ff.

172 Ansgar Graw: Deutschland verlassen? Die Argumente dafür werden stärker,
     Welt.de, 4.9.2019.

173 Marcel Leubecher: Viele Deutsche verlassen das Land, Zuwanderung wieder
     auf Vor-Corona-Niveau, Welt.de, 1.7.2022.

174 Der Ausdruck »France, fille aînée de l'Église« (»Frankreich, älteste Tochter der
     Kirche«) geht zurück auf einen Ehrentitel der französischen Könige seit der
     Merowingerzeit.

es eine unbedeutende Minderheit, doch potentielle Trouble-
maker sind es allemal, jedenfalls aus Sicht des Staates, dessen
Rolle sich mehr und mehr darin erschöpfen wird, den Bürgerkrieg abzuwenden.

Wohin richten die im Herzen Heimatlosen ihren Blick? Gegenwärtig hat es den Anschein, als ob die slawischen Länder ein mögliches Auffangbecken sind. Europa-Ost und Europa-West driften
auseinander. Jenseits von Oder, Böhmischer Masse und Alpen-
Ostrand wächst ein Riegel zäher Widerspenstigkeit. Millionen
dort lassen nicht von der Vorstellung eines europäischen Europas – je stärker der Wanderungsdruck, desto enthusiastischer
verteidigen sie ihre Identität.

Westeuropa ist allein schon geographisch anders exponiert.
Es würde die Bevölkerungen überfordern, den Kontinent zu einer mit Gewalt verteidigten Festung auszubauen. Entsprechende
Vorstöße nationaler Regierungen wird es geben – sie werden
scheitern. Den hinterbliebenen Kernlanden der alten, einst so
mächtigen Imperien fehlt die Kraft.

Ostmitteleuropa baut auf andere Fundamente. Dort hat man
sich nie als Teil oder gar Tragstein der europäischen Weltherrschaft verstanden, auch nicht die Ungarn in der Doppelmonar-
chie. Ostmitteleuropa ist selbst von der Erinnerung an Fremdbe-
stimmung geprägt, von später Staatlichkeit und der Bedrohung
durch mächtige Nachbarn. Der homogene Nationalstaat gilt als
Errungenschaft.

Hingegen wirkt die Alte Welt, Westeuropa mit seiner impe-
rialen Vergangenheit, ausgelaugt und ermattet am langen Ende
einer großen Zeit.[175] Ihr droht kein Zusammenbruch, eher das
allmähliche Unterspülen der Ordnung von den Außengrenzen
bis in die Zentren der Macht. Um das Bild von der öffentlichen
Hand zu benutzen: Sie welkt zu einer Greisenhand mit kraftlo-
sen Fingern.

---

[175] Vgl. Philip T. Hoffman: *Why Did Europe Conquer the World?*, Princeton, N. J. 2015.

Der Westen des Kontinents wird alles daransetzen, die Herzen der fremden Zuwanderer für sich zu gewinnen. Der Osten schreibt die Geschichte des Abendlands fort. Beides sind Versuche, diktiert vom historischen Selbstverständnis. Ob dem Westen die Kohabitation in glücklicher Vielfalt gelingt, ob der Abendlandsgedanke im Osten die Kraft zum Selbsterhalt aufbringt – es wird sich zeigen.

Es wird auch zwei Wanderungsbewegungen geben. Die eine führt aus dem Süden nach Westeuropa und hat schon eingesetzt. Die andere, etwa ab der Jahrhundertmitte, wird innereuropäisch sein, Migration von West nach Ost. Denkt man die Ukraine, Belarus und Russland mit, ist der Raum riesig, zudem von der Erderwärmung begünstigt. Seit Jahrhunderten sind Westeuropäer dorthin gezogen, manche bis weit hinter den Ural. Die Temperaturen in Südsibirien erinnern dann an die alte Heimat in alter Zeit.

Um 2015 lebten 258 Millionen Menschen außerhalb ihres Geburtslands, davon 46 Millionen in den USA, in Deutschland 12 Millionen. Die wichtigsten Aufnahmeländer waren die USA, Deutschland, Russland, Saudi-Arabien und Großbritannien, die wichtigsten Herkunftsländer Indien, Mexiko, Russland, China und Bangladesch.[176]

Wie viele Menschen werden nach der Jahrhundertmitte ein neues Zuhause im Ausland suchen? Die Prognosen reichen bis zu einer Milliarde, das wäre mehr als jeder Zehnte.[177] Die große Unbekannte ist die Klima- und Überbevölkerungsmigration. Noch leben wir in der Ein-Grad-Welt; die Auswirkungen der Erwärmung sind kaum spürbar. Die Milliarde Menschen, die in Afrika bis 2050 zusätzlich geboren wird, ist noch gar nicht eingepreist.

---

[176] Amelia Hill: Migration. How Many People Are on the Move Around the World?, The Guardian.com, 10.9.2018.

[177] International Organization for Migration: IOM Outlook on Migration, Environment and Climate Change, Genf 2014, S. 38.

Immerhin wissen wir, was sich zusammenbraut. Wie viel schöner wäre es, von blühenden Landschaften zu erzählen. Von Schäfchenwolken auf azurnem Blau, Äckern unter goldenem Korn, sanften Regenschauern am Abend und betauten Wiesen in der Früh. Von fröhlichen Menschen, zuversichtlich, bunt gewandet und tanzend auf grünem Gras. Doch dann wäre es nicht unser Jahrhundert. Und doch … Man versteht jeden Wissenschaftler, Politiker und Autor, wenn er um die Wahrheit einen weiten Bogen macht. Wer will sich schon Kassandra schimpfen lassen.

VI.
VOM NICHT-WAHRHABEN-
WOLLEN

»Wenn ich wüsste, dass morgen die Welt unterginge, würde ich heute noch ein Apfelbäumchen pflanzen.« Dieses Martin Luther zugeschriebene Diktum ist durch nichts dokumentiert. Wahrscheinlich hat man ihm den Satz in den Mund gelegt, möglicherweise erst im 20. Jahrhundert. Ein schönes Beispiel für » Se non è vero, è ben trovato«? Jedenfalls passt es zu dem sturen Reformator, der seinen Willen nur Gott unterwirft.

Ein Apfelbäumchen ... Dessen Gedeihen verlangt Hingabe und günstige Bedingungen. An einem trockenen Sommertag braucht so ein junger Baum an die zwanzig Liter Wasser. Im Winter droht der Obstbaumkrebs, späte Nachtfröste gefährden die aufplatzenden Knospen. Überhaupt: Wer kümmert sich nach dem Weltuntergang?

Gerade das macht den Spruch so lutherisch. Luther ist es seinem Schöpfer schuldig, an der Wahrheit nicht zu verzweifeln – Wahrheit als unmittelbare, unverblümte, unverrückbare und unleugbare Einsicht. Anderen würde sie den Boden unter den Füßen wegziehen, diese Wahrheit, Schauer den Rücken hinunterjagen vor Angst und Vorwissen. Doch Luther bleibt aufrecht; er weiß von dem Unheimlichen und bezwingt es. Er sagt auch nicht: Quatsch mit dem Weltuntergang, ich geh jetzt Bäume pflanzen! Erst recht ist sein Gang in den Garten kein verzagter Rückzug in den Safe Space der grünen Daumen. Keine Auszeit von der Realität.

Was kann er mehr tun als einen Apfelbaum pflanzen? Das ist Haltung.

Wer ist die größere Zumutung: die Klimaleugner oder die Klimaretter? Im Nicht-wahrhaben-Wollen können sie zum Wettstreit antreten. Wer bezweifelt noch, dass es wärmer wird? Schon größer ist die Zahl derer, die das Geschehen für nicht menschengemacht halten. Doch auch die werden immer weniger; eigentlich sind sie nicht mehr der Rede wert. Auf der anderen Seite stehen jene, die überzeugt sind, die Erwärmung ließe sich aufhalten (oder die Bevölkerungsexplosion in Afrika, oder der Niedergang

Europas, oder die Zuwanderung). Doch in der Mehrheit sind auch die nicht. Der Machbarkeitsglaube ist Teil des westlich-europäischen Denkens; niemand weiß das besser als die Aktivisten von Fridays for Future und Extinction Rebellion. Im Globalen Westen mobilisieren sie Hunderttausende. In Asien, Afrika und im islamischen Raum, von wenigen, versprengten Kosmopoliten abgesehen, sieht es schon anders aus. Auch der Zukunft begegnen die Kulturen auf ihre Art, nicht nur dem Tod.

Das Nicht-wahrhaben-Wollen prägt den Ausgang der europäischen Epoche. Das Wort, das es bezeichnet, markiert auch den Unterschied zur Ignoranz. Ignoranten sind schlicht ahnungslos. Wer aber leugnet, hat doch für einen Moment die Möglichkeit erfasst, dass das Geleugnete wahr sein könnte. Im Akt des Leugnens wird diese Möglichkeit eingekapselt wie ein Fremdkörper in organischem Gewebe. Sigmund Freud nennt das Verdrängung – die übrigens einen hohen seelischen Energieaufwand erfordert. Und der lohnt sich nur, wenn der Akt des Verdrängens – das Nicht-wahrhaben-Wollen – eine reale Erleichterung verspricht: die Befreiung von existentieller Angst, elementarer Schuld oder tragischer Verstrickung.

Die Auseinandersetzung mit dem, was bevorsteht, sprengt die Grenzen unseren Begreifens. Unsere Rationalität ist dem Unheimlichen nicht gewachsen. Damit wird das Jahrhundert auch zum Antipoden der bürgerlichen Ordnung. Die ist vernunftbetont und berechenbar. Der Mensch beherrscht sich selbst und die Welt. Dass so viel Stabilität überhaupt möglich ist, gründet im Klima des Holozäns. Ohne sein Gleichmaß wäre Zivilisation undenkbar.

Die Vorstellung von Fortschritt als Beherrschung der Natur wurzelt im europäischen Rationalismus. Dessen großer Protagonist René Descartes vollzog die Entseelung der nichtmenschlichen Sphäre. Alles Lebendige – mit Ausnahme des reflexionsbegabten *Homo sapiens* – ist Objekt. Tiere sind Automaten, zu Fortpflanzung und Wachstum befähigt. Ohne diese Verdinglichung der Natur gäbe es keinen Fortschritt in Wissenschaft und Technik. Tausende

Generationen hatten in Furcht vor ihr gelebt – erst indem der Mensch die Natur zum Objekt macht, kann er sie beherrschen. Inzwischen begleitet der Fortschritt uns ein Dutzend Generationen lang. Seit drei oder vieren erleben wir ihn als zunehmend bequeme Komfortzone: Mobilität, Anästhesie, Antibiotika, Digitalisierung, Palliativmedizin, Internet, Pille und Viagra.

Im 21. Jahrhundert wird es dann unheimlich.

Amitav Ghosh sucht in der zeitgenössischen Belletristik nach Erwähnungen des Klimas. Er findet nichts. Waren die Bücher noch im 18. Jahrhundert randvoll mit Erdbeben, Vulkanausbrüchen, Stürmen und Sturmfluten, Kometen, Finsternissen und Epidemien, ist das Thema im modernen Roman irrelevant. Gezähmt und uninteressant wie ein englischer Park, dient das Wetter der Menschenwelt als Kulisse.

Aus der rückwärtigen Perspektive unserer Zeit wirken die Selbstzufriedenheit und das Vertrauen der entstehenden bürgerlichen Ordnung wie ein weiterer jener unheimlichen Momente, in denen der Planet mit der Menschheit spielt, indem er ihr den Glauben an die Selbstbestimmtheit ihres Schicksals zu gestatten scheint.[178]

Halb in unserem Fortschrittsglauben gefangen, sitzen wir erwachend am Bettrand, reiben uns die Augen und verschließen sie sogleich vor den Zeichen an der Wand. Lautlos schleicht sich das Unheimliche in unsere Lebenswelt; der Planet spielt mit uns. Verleugnung, Verdrängung und Nicht-wahrhaben-Wollen folgen auf dem Fuß. Die Tragik, die Unerbittlichkeit des Anstehenden müssen uns überfordern.

Es ist die flüchtigste aller Erkenntnisse, die dem Nicht-wahrhaben-Wollen vorausgeht. Wir ahnen das Unheimliche und verschließen die Augen. Wie die Kinder – was sie nicht sehen, ist

---

178 Ghosh, *The Grand Derangement*, S. 22.

nicht da. Es darf aber auch uns nicht sehen, das ist schon in den alten Märchen so. Den Namen zu kennen, den der Schwarzen Fee oder des Rumpelstilzchens, verleiht die Kraft, zu bannen und zu binden. Indem wir nicht wahrhaben wollen, verweigern wir dem Unheimlichen diese Macht.

John Foster stellt seinem Buch einen Aphorismus von Nietzsche voran: »Auch der Mutigste von uns hat nur selten den Mut zu dem, was er eigentlich weiß.«[179] Es geht um die Bereitschaft und den Willen, Gedanken bis an ihr Ende zu denken. Mitleidslos, bis zur letzten Konsequenz. Allein der Glaube, eine weltumspannende Zivilisation mit acht Milliarden Individuen ließe sich als Ganzes reformieren, gestalten und neu organisieren, erfüllt den Tatbestand des Nicht-wahrhaben-Wollens. Dem Anspruch der Macher auf Machbarkeit hält Foster entgegen: »Tragedy, not problem«. Das, wovor wir stehen, ist eine Tragödie, kein irgendwie lösbares Problem. Foster sieht auch nur einen Ausweg: »Hope, not optimism«.[180] Nur Hoffnung kann helfen.

Doch statt das Publikum darauf einzustimmen, betäuben die Politiker, Journalisten und Lehrer uns mit Sätzen wie: »Wir schaffen das!« Ist die Wahrheit am Ende der Aufklärung nicht mehr zumutbar? Hat der Patient kein Recht zu wissen, wie viel Zeit ihm bleibt, auf dass er sie mit Wissen und Würde fülle?

Wenn unsere subjektive Anschauung der Welt von unserer objektiven Wahrnehmung abweicht, kommt es zu einer kognitiven Dissonanz. Die Folgen reichen von peinlichen Auftritten bis zu tragischem Scheitern, die Reaktionen von Suizid und Selbstbetrug bis zu Läuterung und ehrlichem Neubeginn. Anschaulich wird das beim Führungspersonal untergehender Diktaturen, etwa in Deutschland 1945 und 1989. Die Realisten sind ehrlich, sie huldigen der Wirklichkeit. Ehrlichkeit ehrt den Sieger. Die Selbstmörder wollen in einer Welt, die sich ihrem Willen verweigert, nicht weiterleben.

---

179 Friedrich Nietzsche: *Götzen-Dämmerung oder Wie man mit dem Hammer philosophirt. Werke in drei Bänden*, München 1954 [1889], Bd. 2, S. 943.
180 Foster, *After Sustainability*, S. 12.

Unkontrollierbaren Veränderungen begegnen wir in Abwehr-
haltung, erst recht multiplen Veränderungen: Erwärmung, Völkerwanderungen, Bedeutungs- und Statusverlust. Das Nicht-
wahrhaben-Wollen ist ein Akt seelischer Stabilisierung, ein
seelisches Immunsystem. Es verschafft uns Zeit, gegenzuhalten,
Probleme zu bedenken, geistig Atem zu schöpfen. Was besitzen
wir schon außer unserem Glauben an die Machbarkeit? Nackt,
verletzlich, der Umwelt grundsätzlich unangepasst, angewiesen
auf Kreativität und sozialen Zusammenhalt, ist der Mensch ewig
dazu verdammt, zu machen – ein Tier hingegen darf einfach sein.

Seid fruchtbar und mehret euch, füllt die Erde und unter-
werft sie und waltet über die Fische des Meeres, über die
Vögel des Himmels und über alle Tiere, die auf der Erde
kriechen![181]

Niedergeschrieben wurde dieser Satz um die Mitte des 1. vorchristlichen Jahrtausends. Doch erst im Industriezeitalter haben wir ihn
beim Wort genommen, diesen Gott, der uns seine Schöpfung so
leichtfertig überantwortet. Erst die Metallurgie, die Maschinen
und die Wissenschaft haben uns in den Stand gesetzt, die Erde
wirklich zu füllen, zu unterwerfen. Mit der europäischen Neuzeit wurde Genesis 1,28 zur Maxime der Zivilisation. Gab es ein
Datum? Von der Symbolkraft her bietet sich erneut der Reformator an. Am 20. November 1520 stellte Luther im sächsischen Wit-
tenberg seine Schrift *Von der Freiheit eines Christenmenschen* vor.
 Man mag ihm nicht unterstellen, dass er lostreten wollte, was
er losgetreten hat. Wie hätte er es ahnen sollen? Der wortmäch-
tige Mann brachte nur zu Papier, was in der Luft lag: das Ende
des Alten. Der europäische Aufschwung begann; die Freiheit war
eine Voraussetzung.
 Es war ein völlig neuer Begriff von Freiheit: Freiheit der Erkenntnis, Freiheit der Wissenschaft, Freiheit des Willens. Die

181 Gen 1,28.

Freiheit des Menschen, sein eigener Herr zu sein. Das war keine leichte Freiheit. Noch jede Generation hat seither versucht, moralische Postulate von überzeitlicher, universaler Geltung aufzustellen. Doch ohne hinter Luther und Descartes zurückzutreten, lässt sich nichts bedingungslos Geltendes mehr formulieren – nichts Ohn-Bedingtes. Das Unbedingte wäre ja das Absolute, das Heilige, und der Weg dorthin ist verschüttet. Umso offener stehen die Tore zu unseren Ängsten, zu den Räumen, in denen das beelzebübische Pendant des Heiligen sich verbirgt: das Unheimliche.

* * *

In Japan gibt es die Tsukumogami, Gebrauchsgegenstände wie Regenschirme, Sake-Krüge oder Sandalen, die von ihren Besitzern unachtsam behandelt oder achtlos entsorgt wurden. Nach Ablauf von hundert Jahren erwachen sie zum Leben; dem betroffenen Haushalt stehen dann unangenehme Überraschungen bevor. In Japan gibt es auch Ungeheuer und Totengeister, beispielsweise die Yūrei und die Yōkai, Fabelwesen, die ungefähr unseren Ogern, Gespenstern und Heinzelmännchen entsprechen. Die westliche Kultur hat die Schrate und Wichtel aus dem Alltag ins Horror-Genre verbannt; dort sorgen sie für adrenalinträchtigen Grusel. Erst recht befremdlich scheint uns die Vorstellung beseelter Gegenstände: Tsukumogami. Hundert Jahre alte Töpfe, denen eine Seele innewohnt. Für den modernen Europäer eine kuriose Vorstellung. Überhaupt sind die Zeiten vorüber, da man Haushaltswaren über Generationen in Ehren hielt. In der Wegwerfgesellschaft wird nicht einmal mehr repariert.

Immerhin differenzieren wir inzwischen bei Lebewesen. Kein Mensch würde heutzutage einen Hund als Automaten bezeichnen. Angler dürfen nur noch Wirbellose auf den Haken ziehen, Würmer oder Maden, obwohl auch Würmer und Maden Unwillen zeigen, wenn die Hakenspitze sie durchbohrt. Sogar Pflanzen reagieren auf Gefahr und Verletzung. Der Geruch von frisch gemähtem Gras wird von den benachbarten Gräsern als chemisches Warnsignal verstanden. Andere Pflanzen sind in der Lage, die Geräusche blattfressender Insekten wahrzunehmen und sinnvoll darauf zu reagieren.[182] In dem englischen Schmähwort ›tree hugger‹ für vermeintlich spinnerte Öko-Aktivisten steckt also mehr Wahrheit, als mancher Spötter glaubt. Noch sträuben wir uns, einem Baum Gefühle zuzuschreiben, doch letztlich sind unsere eigenen Emotionen auch nur ein Produkt biochemischer Prozesse.

Offensichtlich hat die Befreiung des Individuums einen Overkill bewirkt. Der Fokus allein auf den Menschen, auf seinen Wohlstand und sein Wohlergehen hat maßlose Kehrseiten: Umweltverschmutzung, Vernichtung von Lebensräumen, Artensterben, Erderwärmung, Burn-outs, Depressionen und so fort. Bevölkerungswachstum und steigende Pro-Kopf-Produktivität erodieren die Grundlagen unserer Existenz. Auf über zehn Milliarden wird die Weltbevölkerung steigen, und die meisten träumen vom Lebensstil einer westlichen Mittelschichtsfamilie: ein Auto pro Haushalt, dreißig und mehr Quadratmeter pro Kopf, verfügbares Einkommen für Konsum und Unterhaltung.

Vor diesem Hintergrund wirbt ein Denkansatz namens Posthumanismus um Aufmerksamkeit. Darin steckt viel Widersprüchliches, doch im Kern geht es um die Abkehr von der europäisch-humanistischen Weltsicht der vergangenen Jahrhunderte. Posthumanismus ist ein philosophisches Start-up mit dem Ziel, den Menschen in die Einheit mit Natur, Welt und Kosmos zurückzuführen.

Manche Posthumanisten sehen ihren Vorläufer in einem sächsischen Professor, der Deutschland früh den Rücken kehrte: Friedrich Nietzsche. Seine Analyse der aufkommenden Moderne beschreibt eine Gesellschaft, deren Sinn aus wenig mehr besteht als der Maximierung der Freude des Einzelnen an sich

182 Heidi M. Appel und Reginald B. Cocroft: Plants Respond to Leaf Vibrations Caused by Insect Herbivore Chewing, *Oecologia*, 2.7.2014.

selbst. Gleichzeitig ist er der Vater des »Übermenschen«, der im 21. Jahrhundert in Gestalt des »augmentierten«, technologisch hochgetunten Homo futuris zur realen Option wird.[183] Ganz nebenbei ist Nietzsche auch Urheber zweier wesentlicher und widerstreitender Denkschulen des Posthumanismus: Die eine zielt darauf, den Menschen in eine Natur zurückzuführen, deren Glieder über eigene Subjektivität und Rechte verfügen: Menschenrechte, Tierrechte, Pflanzenrechte. Die andere erkennt in *Homo sapiens* eine evolutionäre Vorstufe des Post-Menschen, einer überlegenen Kombination humaner Genetik, künstlicher Intelligenz und diverser Sci-Fi-Technologien.

Ungeachtet aller Zweifel und Selbstzweifel der Gegenwart haben die Posthumanisten keinen leichten Stand. Weder begeistert ihre Forderung, der Natur auf Augenhöhe zu begegnen, noch die Perspektive, einer Elite künftiger Post-Menschen als Ersatzteillager zu dienen. Da halten wir uns lieber an das Hier und Jetzt. Wir bewältigen Herausforderungen, wir überwinden Gefahren. Wir dämmen die Meere ein und stauen die Flüsse. Wir bezwingen Kometen und besiedeln den Mars. Wir lösen Probleme. Wir regeln das.

Die Machbarkeit gehört zu den europäischen Gewissheiten. Demut ist nicht unser Ding.

Ich will kurz zu den anfänglichen Bildern zurückkehren: den Bildern scheinbar seelenloser Dinge, die plötzlich lebendig werden. [...] Zu den unheimlichsten Begleiterscheinungen des Anthropozäns gehört, dass wir erkennen, in welchem Umfang auch andere Wesen über Handlungskraft und Bewusstsein verfügen, vielleicht sogar der Planet selbst. Doch das stimmt nur zum Teil. Sehr viele Menschen haben das immer gewusst. Die Bewohner der Mangrovenwälder in den Sundarbans haben nie daran gezweifelt, dass die Tiger

183 Stefan Lorenz Sorgner: Nietzsche als Ahnherr des Posthumanismus in den Künsten. Reflexionen zum Verhältnis von Bild, Wort und Ton, *Nietzeforschung*, 18 (1) 2011, S. 45 ff.

und viele andere Tiere Intelligenz und Handlungskraft besitzen. Aus Sicht der indigenen Völker des Yukon sind sogar die Gletscher in der Lage, zu fühlen und zu empfinden, sie können Gefallen und Missfallen ausdrücken.[184]

Der Begriff ›Anthropozän‹, den Amitav Ghosh hier verwendet, bezeichnet unser Zeitalter als neue, vom Menschen geprägte erdgeschichtliche Epoche. Allem Anschein nach wird es ein Zeitalter disruptiver, singulärer Phänomene. Nun sträubt sich unsere aufgeklärte Rationalität gegen die Vorstellung, der Planet verfüge über »Handlungskraft und Bewusstsein«. Aber werden die acht Milliarden, oder wenigstens ein guter Teil von ihnen, die Singularitäten nicht exakt so verstehen: als Rache des Planeten, der uns wie lästige Mücken verscheucht; als Beweis, dass der Tiger eben doch Intelligenz und Handlungskraft besitzt?

Gerät der europäisch-westliche Mensch, indem er sich an die Denkmuster seiner Aufklärung klammert, bald auch intellektuell, nicht nur geopolitisch und ökonomisch, ins Hintertreffen? Die Antwort liegt in unserer Reaktion auf das Unheimliche, auf die Angst vor dem Ungewissen. Wann treten wir aus dem Nicht-wahrhaben-Wollen ins Licht? Die Realität kann ein Auslöser sein – wenn man sie zulässt (vgl. kognitive Dissonanz). Wenn das Getreide trocken und holzig am Halm steht, die Kronen der Koniferen sich blondbraun verfärben, die Flüsse zu Rinnsalen werden und der Wald brennt – wenn wir irgendwann eingestehen: Ja, das sind die Vorboten, die Zeichen an der Wand. Nur indem wir uns zwingen, das Unheimliche anzunehmen, aufzunehmen in unser Leben, verliert die Angst ihren Schrecken. Mit dem Ungewissen lebt es sich leichter als mit der Angst. Ja, Veränderungen werden kommen. Ja, sie werden extrem unangenehm sein. Na und?

Der 2013 verstorbene Soziologe Stanley Cohen, ein wichtiger Vertreter der zeitgenössischen Kriminologie, hat die Erscheinungs-

---

184 Ghosh, *The Grand Derangement*, S. 63 f.

formen des Nicht-wahrhaben-Wollens auf Gemeinsamkeiten hin untersucht.[185] Das Phänomen durchzieht unseren Alltag: Wir verdrängen besseres Wissen; wir gehen bewusst einer Ahnung nicht nach; wir schauen weg, um nicht wissen zu müssen; wir reden uns ein, dass etwas nicht sein kann oder nie gewesen ist; wir glauben unseren eigenen Lügen; wir töten – im übertragenen Sinne – den Überbringer schlechter Nachrichten.

Cohen unterscheidet drei Arten des Nicht-wahrhaben-Wollens. Die banalste ist das buchstäbliche Leugnen: Dieses oder jenes ist nicht wahr. Der Mechanismus ist immer derselbe. Eine Tatsache A ist angeblich nicht bewiesen; wer das Gegenteil behauptet, ist ignorant, lügt und/oder dient eigenen oder fremden Interessen.

Differenzierter kommt das relativierende Nicht-wahrhaben-Wollen daher. Die Tatsache A wird durchaus nicht bestritten. Entscheidend ist, dass ihre Bedeutung und ihre möglichen Konsequenzen heruntergespielt werden. Das relativierende Nicht-wahrhaben-Wollen ist eine Verleugnung in der Anerkennung, ein Sich-aus-der-Verantwortung-Stehlen oder Sich-Kleinmachen:

Ich bin ein ›Geselligkeitstrinker‹, kein Alkoholiker – was da geschah, war keine echte ›Vergewaltigung‹ – die Maßnahme war ein Bevölkerungsaustausch, keine ethnische Säuberung – das Waffengeschäft war nicht illegal, es war auch nicht wirklich ein Waffengeschäft.[186]

Die Königsdisziplin ist das implizite Nicht-wahrhaben-Wollen. Wer die Tatsache A implizit leugnet, erkennt sie grundsätzlich an. Auch ihre Bedeutung und ihre möglichen Auswirkungen werden nicht abgestritten. Was unausgesprochen bleibt, ist die letzte Konsequenz. Auch da wird nicht bewusst gelogen. Die Leugnung liegt in der Weigerung, einen Gedanken zu Ende zu

185 Stanley Cohen: *States of Denial. Knowing About Atrocities and Suffering,* Cambridge 2001.
186 Ebd., S. 7.

denken. Die letzte Konsequenz rührt an das, was nicht sein darf: an das Unheimliche.

In gewissem Maß schützt das implizite Nicht-wahrhaben-Wollen vor der Wirklichkeit. Wenn es um die schiere Existenz geht – beruflich, familiär, gesundheitlich –, wird der Worst Case gar nicht zugelassen. Nicht daran denken, nicht darüber reden: der Ehemann, der weiß, dass seine Frau ihn verlassen wird; der Unternehmer, dem unweigerlich die Insolvenz droht; der Kranke, der ein Geschwür ertastet und partout nicht zum Arzt gehen will; das deutsche Volk, dessen Mehrheit noch 1944 eine Niederlage im Krieg für undenkbar hielt. Das implizite Nicht-wahrhaben-Wollen ist keine Verleugnung der Realität, sondern eine Verdrängung ihrer letztendlichen Konsequenzen.[187]

John Foster (der mit dem teuflischen Syllogismus) hat Cohens Kategorien auf die Klimadiskussion angewandt. Im Zentrum seiner Kritik steht die viel gepriesene Nachhaltigkeit, die er als »culture of denial«, als Kultur des Leugnens, bezeichnet. Das Paradigma der nachhaltigen Entwicklung sei ein Widerspruch in sich, ein Paradebeispiel für implizites Nicht-wahrhaben-Wollen:

Nachhaltige Entwicklung ist wie ein Haken, der so konstruiert ist, dass man unverzüglich freikommt, wie eine Beschränkung, die in nichts beschränkt, wie das Akzeptieren einer Verpflichtung, deren Wesen darin besteht, sogleich wieder entpflichtet zu sein.[188]

Vor allen anderen hat Foster die Konzerne und Kapitalisten im Visier. Beraten von businessaffinen Öko-Pragmatikern, tauchen sie ihre Geschäfte in grünes Licht und grüne Farbe: Greenwashing. Hauptsache, das profitable Geschäftsmodell bleibt unangetastet. Die Jünger des Geo- und Klima-Engineering kommen nicht

---

[187] Ebd., S. 8.
[188] Foster, *After Sustainability*, S. 36.

besser weg: Ihre eigene Logik zwingt sie, die Folgen der Veränderungen so weit herunterzuspielen, dass sie durch menschliche
Einfalls- und Schaffenskraft beherrschbar scheinen. Was den Rahmen und die Möglichkeiten der technischen Zivilisation sprengen könnte, wird verdrängt, negiert oder geleugnet.

Die Klimarettungs-Aktivisten, die grün gewaschenen Kapitalisten und die optimistischen Technikfreaks erfüllen alle Voraussetzungen des relativierenden Nicht-wahrhaben-Wollens.
Selbstverständlich erkennen sie die Erderwärmung als menschengemacht an, selbstverständlich haben sie nichts mit den
Klimaleugnern gemein. Das Problem existiert, aber – und hier
zeigt sich das fortschrittliche Bewusstsein – wir können seiner
noch Herr werden.

Warum entlarvt niemand diese Heuchler? Ganz einfach: Beim
impliziten Nicht-wahrhaben-Wollen sind wir alle Bettgenossen.
Das Greenwashing der Konzerne ist auch unser Greenwashing
als Konsumenten. Im Massenkapitalismus ist die Zerstörung ein
allgemeines Gut, alle haben wir an ihr Anteil. Nur will niemand
davon lassen, oder kaum jemand. Lieber leisten wir Abbitte
durch CO_2-Kompensation, den Kauf ökozertifizierter Produkte,
das Beachten von Ökosiegeln und Umweltampeln, durch Peti-
tionen und Demonstrationen.

Die US-amerikanische Soziologin Kari Norgaard verbrachte den
Winter 2001 in einem kleinen Dorf in Westnorwegen. Sie gibt ihm
den fiktiven Namen Bygdaby. Es war ein ungewöhnlich warmer
Winter. Der erste Schneefall ließ zwei Monate auf sich warten,
Eisfischen war so gut wie unmöglich, und der Skitourismus wäre
ohne Schneekanonen zusammengebrochen. Norgaard führte den
Winter über Gespräche mit den Bewohnern von Bygdaby, verbrachte lange Abende mit ihnen und verfolgte aufmerksam, wie
sie mit dem Klimawandel umgehen. Ihre Erfahrungen hat sie in
einer wissenschaftlichen Studie zusammengefasst.[189]

189 Kari Marie Norgaard: *Living in Denial. Climate Change, Emotions and Everyday
Life*, Cambridge, Mass. 2011.

Nun muss man wissen, dass in Norwegen auch Dorfbewoh-ner informiert und gebildet sind. Die Klimaveränderungen wa-ren den Bygdabyern kein Geheimnis. Zudem war ihr Dorf ein konkretes Opfer des Wandels. Dennoch stellte Norgaard keine Änderungen im persönlichen Verhalten der Bewohner fest. Nie-mand schränkte den Verbrauch fossiler Brennstoffe ein, die Leu-te schrieben keine Leserbriefe und entwickelten keinerlei zivilge-sellschaftliche Aktivität.

Noch etwas fiel ihr auf: Je mehr die Dorfbewohner spürten, dass um sie herum etwas Unheimliches geschah, desto beharr-licher gingen sie dem Thema aus dem Weg. Die Veränderungen des Klimas wurden nur im Rahmen solcher zufälligen Begeg-nungen erwähnt, bei denen das Wetter traditionell eine Haupt-rolle spielt.

Relativierer traf Kari Norgaard in Bygdaby nicht. Niemand verkündete, alles sei halb so wild. Niemand präsentierte Pläne, wie man dem Problem beikommen könne. Niemand trat vor die Dorfbewohner und sagte: Wir schaffen das! Den Bygdaby-ern ging es allein darum, die letzte Konsequenz nicht zuzulas-sen: den zu Ende gedachten Gedanken. Norgaard erklärt das aus der protestantisch geprägten, selbstbeherrschten norwegischen Mentalität heraus. Instinktiv und stillschweigend, ohne Norm oder Verabredung, scheuen die Dorfbewohner das Denken bis an den Rand.

In Bygdaby (und andernorts) wirkt die Unfähigkeit der aufge-klärten Kultur, das Unheimliche zuzulassen. Wir haben das Heilige verbannt, wir werden auch das Unheilige verbannen, das Unheim-liche. Und wenn es die eigene Zukunft beschreibt – wir schweigen es tot. Zu groß ist die Angst vor dem Verlust des Vertrauten: die langen, kalten Schneewinter, das Eisfischen, das Skilaufen. Freilich wird in Norwegen auch in der Vier-Grad-Welt kein subtropisches Klima herrschen. Die Winter werden kürzer und wärmer sein, die Sommer regenreicher. Gut möglich, dass sich die Farmer von Byg-daby als Klimagewinner entpuppen. Das ändert nichts daran, dass der anstehende Wandel ihnen (und uns) unheimlich erscheint.

Die Augen öffnen können wir auch morgen. Oder übermorgen.
›Nicht-wahrhaben-Wollen‹ ist nur ein anderes Wort dafür.

Norgaard nennt diesen Prozess die »gesellschaftliche Produktion
von Unschuld«. Was will sie damit sagen? Von ihrem Selbstverständnis her sind die Bygdabyer Teil einer umweltbewussten Gemeinschaft, auch die Bedrohungslage ist ihnen alles andere als
fremd. Gleichzeitig leugnen sie ihre eigene Zukunft – implizit,
indem sie nicht darüber reden. Sie wissen, dass es an ihnen nicht
liegt. Sie wissen aber auch: Des Unheimlichen, Unvorstellbaren
werden sie nicht Herr.

> Die Normen der Aufmerksamkeit – der soziale Standard
> denkbarer »normaler« Dinge – schafft eine doppelte Rea-
> lität, innerhalb derer die Klimawandel-Zukunft zwar aner-
> kannt, jedoch außerhalb der Sphäre des ›wirklichen Lebens‹
> gehalten wird, wo die Aufmerksamkeit vornehmlich der
> Vergangenheit und der Gegenwart gilt.[190]

Das reale Dorf mit dem fiktiven Namen Bygdaby ist ein Mikro-
kosmos zwischen Stavanger und Ålesund. Man darf annehmen,
dass die Beschreibung für viele norwegische Dörfer gilt. Nicht
nur für Dörfer in Norwegen. Norgaard streicht heraus, wie die
Haltung vieler Menschen in den USA derjenigen in Bygdaby ähnelt. Auf die gesellschaftliche Produktion von Unschuld besitzen
weder die Bygdabyer noch die Norweger ein Monopol.

* * *

Als der US-amerikanische Bestsellerautor Jonathan Franzen 2019
im Magazin *The New Yorker* den Beitrag »Was wäre, wenn wir
aufhören würden, so zu tun, als wäre die Klima-Apokalypse noch
aufzuhalten?« veröffentlicht, schlägt ihm massiver Widerstand

---

190 Foster, *After Sustainability*, S. 27.

entgegen.[191] Die NASA-Klimaforscherin Kate Marvel antwortet mit einer Schmähschrift unter dem Titel »Halt die Klappe, Franzen«.[192] Auch aus Deutschland kommt Kritik. Der Potsdamer Klimaforscher Stefan Rahmstorf wirft ihm geradezu Defätismus vor – als hätte der Romancier sich der Wehrkraftzersetzung im Kampf gegen die Erwärmung schuldig gemacht.[193]

Schwarzmaler geraten unter Beschuss. Ebenfalls 2019 publiziert der US-Journalist Michael Shellenberger eine Philippika gegen die Krisenszenarien von Hitze und Hunger: »Warum Klima-Alarmismus uns allen wehtut.«[194] Sein Argument: Disruptive Szenarien könnten vor allem in jungen Menschen Angst und Verzweiflung wecken. Wer die Veränderungen – Erderwärmung, Bevölkerungsexplosion, Wanderungsbewegungen – zu Ende denkt, gilt dieser Fraktion als »doomster«, als Verschwörungstheoretiker des Untergangs. Das Etikett weckt Zweifel an der Seriosität der Botschaft und an der Glaubwürdigkeit der Person. Wer die Unverschämtheit besitzt, die Komfortzone der Konsumgesellschaft in ihrem Machbarkeitsglauben zu stören, wird sanktioniert. Da ist »Halt die Klappe, Franzen« noch eine milde Abmahnung.

Man kennt Ähnliches aus dem privaten Umfeld: Menschen, die fest davon überzeugt sind, jeder Einzelne müsse für das allgemeine Gute seine kleinen Schritte tun. Zweifel am Erfolg der kleinen Schritte werden als Verrat am Allgemeinwohl geschmäht. Ein Tabu. Weil, wie es der Dichter Christian Morgenstern ausdrückt, »nicht sein kann, was nicht sein darf«.[195]

Zu den Ersten, die am Zweckoptimismus der Klimaschützer vorbei eine breitere Öffentlichkeit erreichen, gehört 2018 der briti-

---

191 Jonathan Franzen: What If We Stopped Pretending?, NewYorker. com, 8.9.2019.

192 Kate Marvel: Shut Up, Franzen, Blogs.ScientificAmerican.com, 11.9.2019.

193 Stefan Rahmstorf: Es sieht zwar nicht so aus, aber wir können die Klimakrise noch abwenden, Spiegel.de, 18.9.2019.

194 Michael Shellenberger: Why Climate Alarmism Hurts Us All, Forbes.com, 4.12.2019.

195 Christian Morgenstern: Die unmögliche Tatsache, *Palmström. Alle Galgenlieder*, Zürich 1981 [1909], S. 164.

sche Professor und Vordenker der Bewegung Extinction Rebellion Jem Bendell. In seiner Studie *Deep Adaptation* schlussfolgert er klar und deutlich: Der Klimawandel führt zum Kollaps weiter Teile der industriellen Zivilisation.[196] Bendell kombiniert wissenschaftliche Erkenntnisse mit dem empirischen Unvermögen der Industriegesellschaft, die Emission von Treibhausgasen zu zügeln. Sein Fazit gleicht dem von John Foster. Beiden Wissenschaftlern geht es um die Pflicht des Intellektuellen, zu Ende zu denken. Beide werben auch für Akzeptanz als Voraussetzung einer neuen Epoche der Zivilisation. Diese Akzeptanz, das Hinnehmen des Unausweichlichen, steckt in dem Titel »Deep Adaptation«. Nur die tiefgreifende Anpassung birgt Hoffnung.

Doch das Zu-Ende-Denken ist ein Tabu. Bendell konnte sein Papier nur im Internet veröffentlichen; ein Peer-Review durch anonyme Gutachter desselben Fachgebiets war gescheitert. Er zitiert einen Gutachter, der ihm wegen der zu befürchtenden Wirkung von einer Veröffentlichung abgeraten hat:

> Ich habe mich gefragt, welche sozialen Auswirkungen es haben könnte, ein Zukunftsszenario als unausweichliche Realität zu präsentieren, aber auch, welche Verantwortung die Forschung hat, wenn sie Klimawandel-Szenarien und Anpassungsstrategien kommuniziert.[197]

Seither ist Bendells Dokument viele Hunderttausend Mal heruntergeladen worden. Vier Jahre später, 2022, erfasst der Klimarettungs-Skeptizismus sogar die Top Ten der Zunft: »Wird der menschengemachte Klimawandel zu einem globalen gesellschaftlichen Zusammenbruch oder gar zur Ausrottung des Menschen

---

196 Jem Bendell: Deep Adaptation. A Map for Navigating Climate Tragedy, IFLAS Occasional Paper 2, 2., überarb. Vers., 27.7.2020, Univesity of Cumbria, Inititative for Leadership and Sustainability, Lifeworth.com.

197 Jem Bendell: The Study on Collapse They Thought You Should Not Read – Yet, JemBendell.com, 26.7.2018.

führen?«[198] Von wegen. Die Phalanx der Optimisten hält unge-
rührt stand. Ein anderer deutscher Professor, Klimaforscher und
fachlich profiliert, beweist, wie unerschütterlich die Zuversicht
sein kann: »Wir müssen klar kommunizieren, was die Risiken
sind. Und auf der anderen Seite sagen: Wir haben es noch in der
Hand. Wir wissen, wie es geht, wir haben die Technologien und
kennen die politischen Maßnahmen.«[199]

Foster, Bendell und Franzen sehen im Akzeptieren des Worst
Case eine Chance zum Loslassen, zum Denken einer anderen
Zukunft. Viele Klimaretter hingegen fürchten ein Erlahmen der
Kräfte im Abwehrkampf. Der Worst Case darf nicht sein – er darf
nicht gedacht und erst recht nicht ausgesprochen werden. In solcher Gestalt finden wir das aktive Verleugnen auch im Nicht-
wahrhaben-Wollen der Klima-Aktivisten. Am Ende wird um des
ritterlichen Prinzips willen gegen Windmühlenflügel gekämpft.

Die Franzen-Kritiker Marvel und Rahmstorf stützen sich auf
ein einziges Argument: Wir haben (noch) die Wahl. Und sie
haben recht. Natürlich haben wir (noch) die Wahl. Nur wer ist
›wir‹? Ganz offensichtlich die Menschheit, die acht Milliarden Individuen der Spezies *Homo sapiens*. Denn nur wenn sämtliche (!)
acht Milliarden Individuen die Wahl treffen, ihre Treibhausgas-
Emissionen bis zur Jahrhundertmitte auf null zu reduzieren, lässt
sich die Erderwärmung mit einiger Wahrscheinlichkeit bei etwa
zwei Grad gegenüber dem Jahr 1800 begrenzen. Wohlgemerkt,
alle Emissionen, überall: Energie, Transport, Wohnen, Industrie
und Landwirtschaft.

Die theoretische Möglichkeit, dass ›wir‹ diese Wahl treffen,
wird auch Jonathan Franzen nicht leugnen. Warum schleudert Kate Marvel ihm dann ihr »Halt die Klappe, Franzen«
ins Gesicht? Der Grund liegt auf der Hand. Indem er es für
wahrscheinlicher hält, dass ›wir‹ uns anders entscheiden und

---

[198] Kemp et al., Climate Endgame.
[199] Niklas Höhne, zit. n. Klimaforscher warnen vor Endzeitszenarien, ZDF.de,
    2.8.2022.

die Welt eben nicht retten, sagt er: Das Unheimliche ist unter
uns, das Ungewisse kommt. Franzens Vergehen ist, dass er den
Schweigebann bricht. Damit weckt er den Zorn, den alle Frev-
ler auf sich ziehen. Kate Marvel steht stellvertretend für viele.
Eher wird sie fordern, Franzen ein Denk-, Schreib- und Rede-
verbot aufzuerlegen, als zuzugeben, dass der Worst Case längst
die realste Option ist.

Wie recht Franzen hat, erklärt sich aus der Natur des Begriffs ›Menschheit‹. Das Wort beschreibt die Gesamtheit aller
lebenden Individuen einer Spezies. Biomasse. Es beschreibt
keinen Organismus und keine Organisation, keine Institution
und kein irgendwie geartetes Subjekt. Die Menschheit besitzt
keinen Souverän. Für das ›Wir‹ steht niemand ein. Es ist kein
Agens, es kann nichts bewirken. Auf den ersten Blick erfüllt der
Satz »Wir können die Klimakrise noch abwenden« alle Wahr-
heitskriterien. Doch das Menschheits-Wir ist nur ein gramma-
tisches Subjekt, kein reales. Anders ist es, wenn man mit ›wir‹
einen souveränen Staat meinen, etwa Deutschland. Dann haben wir ein reales Subjekt – doch der Satz ist nicht mehr wahr.
›Wir‹ als Deutschland können machen, was wir wollen – es
ändert nichts. Die Klimakrise abwenden können ›wir‹ nur als
Menschheit – aber ›wir‹ existieren nicht.

Natürlich steht es jedem frei zu hoffen, dass eine theoretische Möglichkeit irgendwann Wirklichkeit wird. Nur stellt sich die Frage:
Wann beginnt die Realitätsverweigerung? Wer darauf setzt, dass
acht Milliarden Menschen binnen weniger als dreißig Jahren keine
Treibhausgase mehr emittieren, kann auch seine persönliche Zu-
kunftsplanung auf einen künftigen Sechser im Lotto gründen.

In der Evolutionsgeschichte gibt es kein Indiz dafür, dass je
eine Spezies um ihr Überleben als Spezies gekämpft hätte. Immer
ging es um das Überleben der eigenen Nachkommen, der eigenen Gruppe, des eigenen Ich. Der Einwand, dass unter allen Arten nur der Mensch seine Spezies als Größe oder Wert an sich
zu begreifen vermag, ist von gedanklicher Schönheit. Aber, mit

Verlaub, haben wir uns evolutionär wirklich so weit von der animalischen Verwandtschaft entfernt?

Apropos Zu-Ende-Denken: Besitzt die Menschheit überhaupt eine quantitative Dimension? Welche Bedeutung hat die Zahl der Individuen? Um 1800 lebte gerade mal eine Milliarde Menschen auf der Welt, inzwischen sind es acht, bald werden es mehr als zehn Milliarden sein. Gab es um 1800 weniger Menschheit als heute? Aus humanistischer Sicht ist jedes Menschenleben wertvoll; aus Sicht der Spezies entscheidet die kleinste lebensfähige Population. Für die Besiedelung fremder Planeten unter Laborbedingungen gehen Forscher von 98 Individuen aus. In der realen Welt dürften es mehr sein, wahrscheinlich eine niedrige fünfstellige Zahl. Das sind keine leeren Gedankenspiele. Der amerikanische Anthropologe Cameron Smith, der sich mit dem Verschwinden historischer Kulturen befasst, schreibt: »Zivilisationen haben eine Fehlerrate von 99 Prozent.«[200]

Es ist nicht ausgeschlossen, dass sich die Menschheit in der Zukunft irgendwann doch institutionalisiert – vielleicht in Gestalt eines Klügstenrats der technologisch augmentierten Übermenschen, des Homo Deus (von dem noch die Rede sein wird). Zu dessen ersten Beschlüssen könnte die Einführung einer Obergrenze für die Weltbevölkerung gehören, vielleicht maximal einige Hundert Millionen. Es wäre die Konsequenz aus der Übernutzung endlicher Ressourcen und dem Überlebensinteresse der Art.

* * *

Die Panik. Seinen etymologischen Ausgang nahm der Begriff von einem zotteligen Halbgott namens Pan, einem lüsternen Wesen mit einem menschlichen Oberkörper, dem Unterleib eines Ziegenbocks und Hörnern. Dieser Gott der Hirten hütete den Reichtum der keimenden Zivilisation. Im Übrigen war er

---

[200] Corey S. Powell: How Many Humans Would It Take to Keep Our Species Alive? One Scientist's Surprising Answer, NBCNews.com, 13.8.2018.

seiner Mittagsruhe hingegeben. Wurde sie gestört, versetzte er die Herde mit einem durchdringenden Schrei in wilde, eben panische Flucht.

Die Antike wusste noch, wie schmal die Gräben sind. Das Menschsein ist von tierischer Herkunft durchwoben. Wo wird das anschaulicher als in der Figur des Pan: wollüstig und ein verführerischer Meister der Flöte? Die Götter brauchen keine Zivilisation, und den Menschen überfordert sie. Ohne Pan an unserer Seite wäre das Experiment früh gescheitert. Er war der rechte Gott am rechten Ort. Wird er missachtet oder bricht man seine mittägliche Siesta, zeigt er mit einem Schrei die Folgen an. Die Herde stiebt auseinander, und noch der Dümmste begreift: Halte den Frieden und die Herde zusammen! So mühsam es ist, sie wieder einzusammeln, so mühsam ist die Versöhnung nach Kampf oder Krieg. Zivilisation ist eine Bürde.

In seiner ikonischen Betrachtung *Herbst des Mittelalters* beschreibt der holländische Historiker Johan Huizinga die Auflösung der mittelalterlichen Welt. Zig Generationen lang stimmig, geschlossen und ausbalanciert, ist sie plötzlich am Ende. Veränderte Verhältnisse schaffen neues Bewusstsein. Legitimes wird illegitim, Symbole verlieren ihren Sinn, Rituale wirken aufgesetzt. Die Nähte platzen. Es ist eine Zeit zwischen Verkommenheit und Aufbruch, zwischen Angst und Neugier.

> Es ist eine böse Welt. Das Feuer des Hasses und der Gewalt lodert hoch empor, das Unrecht ist mächtig, der Teufel bedeckt mit seinen schwarzen Fittichen eine düstere Erde. Und in Bälde wartet der Menschheit das Ende aller Dinge. Aber die Menschen bekehren sich nicht; die Kirche kämpft, Prediger und Dichter klagen und mahnen vergebens.[201]

---

[201] Johan Huizinga: *Herbst des Mittelalters. Studien über Lebens- und Geistesformen des 14. und 15. Jahrhunderts in Frankreich und in den Niederlanden*, Stuttgart 1975 [1919], S. 35.

Hieronymus Bosch, der in diese Vorrenaissance hineingeboren wird, fasst den Wahnsinn in Farbe und Form. Im 21. Jahrhundert begegnet uns wieder eine fest gefügte Gesellschaft, bewährt und begeistert von sich selbst. Gab es je auch nur annähernd so viel Fortschritt? Doch veränderte Verhältnisse schaffen neues Bewusstsein. Wer sieht die haarfeinen Sprünge im Eis, wer hört das Rumoren in den Tiefen der Gletscherspalten? Wenn dann der Knall über die gefrorene Fläche peitscht, wenn die tonnenschweren Massen reißen … Ein einziger, tiefer Schreck, gelähmtes Innehalten.

Die Umgetriebenen, Fridays for Future oder Extinction Rebellion oder Die Letzte Generation, bewegt zumindest eine Ahnung. Vielleicht ist es auch nur der Kick einer gelangweilten Großstadtjugend, die den Schauer des Unheimlichen entdeckt, sogleich eingehegt durch ein Netz kommerzieller und medialer Interessen. In Kari Norgaards Worten: eine serielle Produktion von Unschuld, dargestellt durch die Schauspieltruppe der »Klima-Kleber« (so nennt sie die *Bild*-Zeitung) und ihrer journalistischen Komparsen.

Verglichen mit den panischen Erscheinungen der Zukunft sind Fridays for Future, Extinction Rebellion und Die Letzte Generation biedermeierliche Kränzchen. Was kommt, wird an die südfranzösischen Katharer erinnern, die vor bald tausend Jahren jeden Elitenvertreter, der ihnen unter die Finger kam, vom Leben zum Tode beförderten. Oder an das millenarische Heilsregime der Münsteraner Täufer im 16. Jahrhundert. Zivilisation ist Lack, allerdünnster Firnis. Dann gehen die Tage auf, von denen der *Simplicissimus Teutsch* geschrieben hat.

Auch das ist nur die halbe Wahrheit. Wenn schon von Grimmelshausen die Rede ist, dann bitte auch von Boccaccio, dem Autor des *Dekameron*. Es ist das Jahr 1347. Während die Pest den Großteil der Florentiner dahinrafft, versammeln sich sieben junge Mädchen und drei junge Männer in einem sonnendurchfluteten Landhaus inmitten weitläufiger Gärten vor der Stadt. Sie erzählen Geschichten, jede Zeile voller erotischer Spannung. Rücksichtslos und lebensgierig, den frühen Tod vor Augen, drängt sich der Sexus in den Vordergrund.

Wer unsere Zukunft beschreibt, darf die Überlebenden nicht vergessen. All jene, die sich nicht unterkriegen lassen, ob mit Glück, Talent oder aus purem Willen und Instinkt. In toskanischen Landhäusern werden sie nicht residieren (dort haben dann die Marodeure das Sagen). Vielleicht aber auf den privaten Superyachten. Wie die Villae rusticae, die Landsitze der antiken Römer, dienen sie als Refugien vor den Zumutungen der Masse. Häfen und Treibstoff wird es immer irgendwo geben. Wenn die Besessenen sich aufmachen und der Staat sich nicht mehr blicken lässt, wenn die Panik, der Lärm und die Ausdünstungen ins Unerträgliche steigen, ist der Besitz einer schwimmenden Insel so gut wie ein Ticket ins Paradies.

Zur größten Bedrohung wird dann die Piraterie. Schon jetzt erobert sie neue Nischen, im Golf von Guinea oder am Horn von Afrika. Die Kapitäne der Superyachten meiden auch das südliche Mittelmeer. Dort droht die Begegnung mit schiffbrüchigen Migranten. In Nordafrika kommt es zu Freibeuterei der besonderen Art: Sklavenmärkte, wie es sie in der Region seit Tausenden von Jahren gibt.

* * *

Wer wird der neuen Zeit gewachsen sein? Bestimmt nicht jene, die sich an den Status quo klammern; darin liegt ja die Wurzel des Nicht-wahrhaben-Wollens. Was immer kommen wird – die Probe besteht nur, wer der Zukunft wie die Figuren im *Simplicissimus* und im *Dekameron* begegnet: mit Lebensgier und Willenskraft.

Noch ist es nicht so weit. Die Fridays-for-Future-Aktivisten und die Generation Z sind mit dem Alten verwachsen. Noch herrscht auch kein Leidensdruck. Dagegen Florenz vor fast 700 Jahren: Tod und Ekel in jeder Richtung, Zusammenbruch, die Überlebenden zerrissen zwischen Verzweiflung und Selbstaufgabe. Welche Hoffnungsstärke hat den 36-jährigen Boccaccio bewogen, in einer solchen Lage zu schreiben:

Dieser schreckensreiche Anfang soll euch nicht anders sein wie den Wanderern ein steiler und rauer Berg, jenseits dessen eine schöne und anmutige Ebene liegt, die ihnen umso wohlgefälliger scheint, je größer die Anstrengung des Hinauf- und Hinabsteigens war. Und wie der Schmerz sich an das Übermaß der Lust anreiht, so wird auch das Elend von der hinzutretenden Freude beschlossen. Dieser kurzen Trauer – kurz nenne ich sie, weil sie in wenigen Zeilen enthalten ist – folgen alsbald die Lust und die Süßigkeit, die ich euch oben versprochen habe und die man nach einem solchen Anfang ohne ausdrückliche Versicherung vielleicht nicht erwartete.[202]

Die Pest zerstörte die Grundfesten des Mittelalters nicht – sie erschütterte sie nur. Jede Epoche verendet am Überdruss an sich selbst. Indem sie untergeht, steigt die nächste auf, begleitet von der Neugier der Mutigen, von der Hoffnung auf neue Süßigkeit und Lust.

Noch klammern wir uns an das Bestehende. Der Blick ist auf das Vergangene gerichtet, von der Zukunft abgewandt. Das betrifft auch die Zusammensetzung der Gesellschaft. Zur Wahrheit gehört, dass der Anteil der Autochthonen in einigen westeuropäischen Ländern in der zweiten Jahrhunderthälfte auf unter 50 Prozent der Gesamtbevölkerung sinken wird. Das Produkt aus Fortpflanzungsverweigerung der indigenen Europäer einerseits und Zuwanderung andererseits wird ganze Gesellschaften verändern – nicht nur die Hautfarben im Straßenbild.

Das offizielle Narrativ von Vielfalt und Diversität streicht die positiven Effekte heraus. Für die Werbebranche ist Deutschland ein Wimmelbild mit Individuen aller möglichen Ethnizitäten in ständiger und gut gelaunter Interaktion. Die Lebensrealität sieht anders aus, selbst in so weltoffenen Städten wie Hamburg oder Berlin. Menschen aller Herkunftsländer prägen das Stadtbild, doch

---

202 Giovanni Boccaccio: *Das Dekameron*, Frankfurt am Main 2008 [1349–53], S. 15.

außerhalb kommerzieller Beziehungen bleibt Interaktion ein sporadisches Phänomen. Als 2019 der Tübinger Bürgermeister Boris Palmer den Widerspruch anhand einer Deutsche-Bahn-Werbung thematisierte, folgte ein Aufschrei seitens der Regierenden in Politik und Medien – und breite Zustimmung seitens der Regierten.

Das Narrativ von der positiven Vielfalt ist ein wunderbares Beispiel impliziten Nicht-wahrhaben-Wollens (und kognitiver Dissonanz). Die im Jahrhundertverlauf zu erwartende Zuwanderung wird alle Potentiale der Integration und Assimilation überfordern. Die Konsequenzen liegen auf der Hand: wachsende Parallelgesellschaften, lokale Kontrollverluste des Staates, ein absehbares Ende der Rechtseinheitlichkeit. Konflikte bleiben nicht aus, sowohl zwischen Zugewanderten als auch mit der indigenen Bevölkerung. Die Obrigkeit, die sich weigert, die strukturellen Ursachen solcher Konflikte anzuerkennen, macht Rassismus oder andere rückständige Haltungen – vor allem unter den Autochthonen – dafür verantwortlich. Das Resultat ist ein Teufelskreis der Entfremdung.

Selbstverständlich löst Zuwanderung, zumal aus fremden Kulturkreisen, diffuse Ängste aus. Schon die Veränderung der vertrauten Umgebung will uns unheimlich erscheinen. Umso wesentlicher für die politische Klasse ist es, das Thema herunterzuspielen. Beeinflussen kann sie es ohnehin bloß marginal. Europa wird nicht zur Festung werden, und den politischen Kurs der Klientelstaaten, die in Nordafrika und Anatolien unseren Grenzschutz besorgen, können weder Berlin noch Brüssel steuern. Das Nicht-wahrhaben-Wollen wird systemrelevant.

Außerdem haben die Wanderungsbewegungen des 21. Jahrhunderts noch gar nicht begonnen. 2015 war nur ein Vorgeschmack. Das wird sich bis zur Jahrhundertmitte ändern. Mindestens bis dahin bleibt es beim Status quo: propagierte Vielfalt von oben, die geballte Faust einer Minderheit von unten, dazwischen eine zunehmend verunsicherte gesellschaftliche Mitte, die in einer moralisch hochgespannten Frage nicht weiß, wie sie sich positionieren soll.

Gemessen am disruptiven Potential des Jahrhunderts reagieren wir beeindruckend gelassen. Das liegt auch an den Dimensionen, die so ungeheuer sind, dass selbst unsere Ängste klein beigeben. Kein Wunder, dass viele sagen: Es reicht, ich will nichts davon hören. Carpe diem. Wir feiern das Hier und Jetzt.

Oder man konzentriert sich ganz auf den eigenen Beitrag. Wenn ich schon acht Milliarden zu nichts bewegen kann, so wenigstens mich selbst. Verzicht wird zu einem Akt autonomer Selbsterlösung, Veganismus stillt den Hunger nach Askese, und das verschmähte Steak ist eine Opfergabe. Moralische Selbstoptimierung als Ausdruck von Religiosität in der durchsäkularisierten Gesellschaft. Der Carbon Footprint entscheidet über Hölle oder Fegefeuer, den Ablass gibt's im Austausch gegen CO_2-Kompensation.

Es wundert nicht, dass dieser Prozess in Westeuropa kulminiert, wo die Selbstverständnisse schneller erodieren als anderswo. Die Alte Welt krankt an massiven Zweifeln. Haben wir den Schlamassel nicht überhaupt erst eingebrockt? Wer hat denn die Industrie erfunden: Dampfmaschine, Verbrennungsmotor, Strom, Generator, Auto, Flugzeug, Bügeleisen? Wer hat sich denn schamlos am Kolonialismus bereichert? Das waren doch die weißen Männer und Frauen!

Verzweiflung setzt Energien frei. Inzwischen streiten sogar Omas for Future, 2019 gegründet von Cordula, Harry, Richard und Werner, für eine menschenwürdige Welt.[203] Der Akzeptanz-Pionier Jem Bendell (*Deep Adaptation*) organisiert holistische Einkehrtage an den Ufern der Ägäis, die Veranstaltungen sind Monate im Voraus ausgebucht. Sie erinnern an katholische Exerzitien, geschmückt mit Versatzstücken der New-Age-Philosophie: kreative/expressive Aktivität, sanfte Bewegungen, Karma Yoga und ekstatischer Tanz. Aus dem Werbetext für eine Einkehrwoche (vor der Covid-Pandemie) in der »großen, ökofreundlichen Location im skandinavischen

---

[203] OmasforFuture.de.

Stil mit atemberaubendem Blick über das schöne Eden Valley
in Cumbria«:

> Diese Einkehrtage sind die richtigen für Sie, wenn
> – Sie wie *Deep Adaption* davon ausgehen, dass der baldige
>   soziale Zusammenbruch durch den Klimawandel unaus-
>   weichlich oder sehr wahrscheinlich ist;
> – Sie bewegt, was der Zusammenbruch des Klimas für Ihre
>   persönliche und berufliche Zukunft bedeutet;
> – Sie das Gefühl haben, einige Tage in der Natur mit Men-
>   schen auf einem ähnlichen Weg könnten Sie auf Ihrer
>   Reise und bei Ihrer Heilung unterstützen.
> An einem sicheren und komfortablen Ort wollen wir die
> Möglichkeiten für Bedeutung, Ziel, Akzeptanz und Freude
> inmitten der Klimatragödie ausloten.[204]

Schon hat die Ratgeber-Szene das Thema gekapert. Im angelsächsischen Raum ist ›climate grief‹ ein Hype. Klimatrauer. Wer erträgt
schon die Ohnmacht des Einzelnen? Maßgeschneiderte Thera-
pien sind im Angebot, Balsam für die klimabetrauernde Psyche.

Dennoch werden viele versuchen, die Singularitäten aufzuhalten. Die Klimakrise. Den Hunger. Die Wanderungen. Flashback
zu Martin Luther. Der Reformator ist sich des Weltuntergangs
gewiss (das unterstellen wir). Indem er sein Bäumchen pflanzt,
bekennt er sich zu seiner, zu unserer Menschennatur. Wir sind
keine Hünen; dem, was da kommt, werden wir nicht widerste-
hen. Was wir hingegen vermögen: der Zukunft entgegenzugehen,
aufrecht, wissend, klaren Blicks und ohne Binde vor den Augen.

---

[204] Werbetext für die UK-Deep-Adaptation-Einkehrtage mit Jem Bendell und
Katie Carr im September 2019 (UK Deep Adaptation Retreat, with Jem Bendell & Katie Carr, JemBendell.com, 8.2.2019).

VII.
HOMO DEUS

Von den um 2020 Geborenen werden viele den Beginn des 22. Jahrhunderts noch erleben. Kleinkinder heute, Greise und Greisinnen dann. An der Drei-Grad-Welt wird diese Generation kratzen – wir reden also nicht von allzu ferner Zukunft.[205] Was wird von unseren Selbstverständlichkeiten übrig sein, wenn die Zeit der heutigen Kita-Kinder kommt? Gewohntes und Vertrautes, über Menschenalter nicht infrage gestellt, zerrinnt zwischen den Fingern.

Das Nicht-wahrhaben-Wollen ist eine menschliche Reaktion. Es ist wie Pfeifen im Wald; je lauter, desto eindringlicher verrät es, wie sich die Nackenhaare sträuben. Nein, nein, nein, der Westen hat seine Zeit noch vor sich! Nein, nein, nein, wir werden die Erderwärmung stoppen! Nein, nein, nein, die Erde kann auch zwölf Milliarden ernähren! Nein, nein, nein, die Geburtenrate in Afrika sinkt schon viel früher! Nein, nein, nein, die Lebensbedingungen in den Heimatländern werden sich verbessern!

In Wahrheit schleicht uns das Unheimliche längst um die Waden. Das demographische Wunder des 22. Jahrhunderts – erstmals seit Jahrzehntausenden leben die meisten Menschen wieder in Afrika – ist nicht zu trennen von der Frage, wie diese Mehrheit sich unter den künftigen Bedingungen ernähren will.

Ein Sonnenuntergang in Mopti, dem Venedig von Mali, einer Republik im westafrikanischen Sahel. Am Kai des Ostufers die schwarzen Pinassen mit den knallbunten Vordersteven, dahinter leuchtend rotgelb auf dem Nigerfluss das Spiegelbild unseres Sterns. Touristen kommen kaum noch in die malerische Handelsstadt; es gilt eine Reisewarnung. Die Wenigen treffen sich im Baramuso an der Rue 68. Das Lokal gehört der Schifffahrtsgesellschaft, die den Personenverkehr nach Timbuktu abwickelt. »Rafraîchissez-vous la vie ici« steht in Knallgelb auf der Coca-Cola-roten Fassade. Es ist der Klassiker im frankophonen Afrika: Hier erfrischen Sie Ihr Leben. Natürlich mit der amerikanischen Brause.

---

[205] Für Nervenstarke: Mark Lynas widmet der Drei-Grad-Welt 58 und der Vier-Grad-Welt 27 Seiten seines Buchs *Six Degrees* (S. 101 ff.).

Für Millionen ist der Niger die Lebensader. Der drittlängste Fluss des Kontinents wird nicht von Gletschern gespeist, sein Pegel verdankt sich dem westafrikanischen Sommermonsun. Der saisonale Regen ist das Produkt einer kalten Atlantikströmung im Golf von Guinea und der Augusthitze über der Südwestsahara. Über dreißig Prozent seiner Kraft hat er im letzten halben Jahrhundert verloren. Schuld soll die Erwärmung der Ozeane sein.

In der zweiten Jahrhunderthälfte werden weit über 300 Millionen Menschen den Sahel bevölkern, den schmalen Savannengürtel zwischen Sahara und Regenwald. Das sind dann etwa so viele wie in den USA. Der Sahel ist ein Klimalabor. Ohne Monsun keine Niger-Überschwemmungen, keine landwirtschaftlichen Erträge, keine Vermehrung der einst reichen Fischbestände. Dafür Erosion der Böden, fortschreitende Verwüstung vom Norden her, Verarmung und Vertreibung. Böse Ironie, dass der Sahel die weltweit höchsten Geburtenraten und niedrigsten Altersmediane aufweist.

Statt Touristen kommen Binnenflüchtlinge. Das UN-Flüchtlingshilfswerk unterhält in Mopti ein Field Office. In der näheren Umgebung leben mehr als 200 000 Menschen von internationaler Hilfe: Heimatlose aus dem In- und Ausland, Rückkehrer ohne Perspektive, Stadtflüchtlinge und Landflüchtlinge. Wie in einem Brennglas bündeln sich im Westsahel, in Mali, Niger und Burkina Faso, so gut wie alle Probleme, die dem Kontinent blühen.

Die Dimensionen dessen, was bevorsteht, dämpfen jede Hoffnung. Dabei gibt es ehrgeizige Ansätze, etwa die Große Grüne Mauer, ein afrikanisches Megaprojekt zwischen Sahara und Sahel. Über fast 8 000 Kilometer will man einen 15 Kilometer breiten Streifen mit Bäumen bepflanzen, einen künftigen Windschutz gegen Wüste und Sand. Ein Drittel der Fläche Deutschlands. Doch es mangelt an Geld und zunehmend auch an politischer Stabilität. Während es im Westen (Senegal) und im Osten (Äthiopien) durchaus vorangeht, wird der Staatengürtel von Mali bis Sudan von politischen, sozialen und religiösen Konflikten geschüttelt. Seit Beginn der Mauer-Initiative 2005 sind nur rund fünf Prozent des Streifens begrünt worden.

Das absehbare Scheitern ist kein gutes Omen für die ehrgeizigen Solar- und Wasserstoffprojekte südlich des Mittelmeers. Diese sollen Europa mit postfossiler Energie versorgen – das wird eine Rechnung ohne den Wirt. Dabei mangelt es nicht an Unterstützern: milliardenschwere Finanziers, aufopferungsbereite Aktivisten, Menschen vor Ort und aus fremden Ländern, die Lebenszeit und manchmal auch ihr Leben darangeben, unsere Existenz und den Planeten zu bewahren. Die Medien und die Politiker begeistern sich: Blitze der Hoffnung in einem Tunnel ohne Licht. Doch der Doppelschlag aus Erderwärmung und Bevölkerungsexplosion wird die Verhältnisse erschüttern wie der Haken eines Schwergewichtlers. Nicht nur im Sahel, nicht nur in Afrika. Dann gilt nur ein Imperativ: Weg! Weg, solange es ein Wohin gibt!

Auf die Regierungen braucht man nicht zu bauen. Was immer sie beschließen, was immer sie umsetzen – es wird zu wenig sein. Die Drei-Grad-Welt kommt mit allem, was dazugehört: Dürren, Gletscherschmelze und Verwüstungen, Veränderung der Großwetterphänomene, Versiegen ganzer Flusssysteme, Anstieg der Meeresspiegel und so fort. Die Schreckenskulisse lässt sich erweitern: Resistenzen, Epidemien, tote Meere, Nanoplastik im Körpergewebe. Nicht nur die Natur wendet sich gegen uns, sondern selbst unser eigenes Werk, unsere eigenen Produkte. »Herr, die Not ist groß! Die ich rief, die Geister werd ich nun nicht los.«[206]

Die Erzoptimisten ficht das nicht an. Ihr Credo: Wir schaffen das, wir regeln das, die Wunderwaffen sind so gut wie fertig. Klimaschutz, Gentechnik, KI, Geo-Engineering, alternatives Dies und alternatives Das. Wir brauchen nur der Vernunft zu vertrauen. Doch auch die Erzoptimisten können nicht verhindern, dass uns unheimlich wird. Das ganze Jahrhundert wird unheimlich, ist es bereits. Wir spüren doch: Eine weiche Landung ist nicht

---

[206] Johann Wolfgang von Goethe: Der Zauberlehrling.

drin. Trotzdem geht es nicht um den Weltuntergang. Das ist ein viel zu großes Wort. Uns wird unheimlich zumute, und niemand kann uns trösten.

In seinem Bestseller *Homo Deus* beschreibt Yuval Noah Harari den Menschen als geballte Ladung von Algorithmen, programmierten Lösungsanweisungen. Die Evolution zunehmend intelligenter *Homo*-Arten über Millionen Jahre hinweg wäre dann vergleichbar der Verdichtung von Algorithmen auf einem Siliziumchip. Als hätte die Natur (oder ein Schöpfergott, der Zufall, ein höchstes Wesen) vor fünf oder sieben Millionen Jahren entschieden, aus einem schimpansenähnlichen Tier einen organischen Supercomputer zu züchten. Wenn es so war, gehört der Plan definitiv zur Kategorie L'art pour l'art, wahrscheinlich ist er ein Produkt göttlicher Langeweile. Um perfekt an definierte Lebensbedingungen angepasst zu sein, bedarf es keines Bewusstseins, auch keiner sonderlichen Intelligenz. Es reichen gesunde Instinkte. Die Tiere machen das automatisch. Zudem beweist das Scheitern sämtlicher Menschenentwürfe (bis auf uns) die Unzulänglichkeit des Konzepts. Wo das Tier instinktsicher seinem Überleben folgt, gehen die Hominini sinnlose Risiken ein.

Was der Mensch jedoch vermag: seine eigenen Lebensbedingungen zu verändern. Lag der Schöpfergott vielleicht doch nicht falsch? Die alten Propheten hatten keinen Zweifel: Der Mensch musste sein Ebenbild sein. Harari sieht in uns einen Vervollkommnungstrieb am Werk. Anfangs habe dieser sich auf das Verständnis der Zusammenhänge gerichtet, dann auf Wissen und Erkenntnis, schließlich auf die Perfektionierung der Funktion. Parallel wuchs die humane Innovationsleistung, zuerst Tausende Jahre linear, seit der Beherrschung der Metalle exponentiell. Ein Analogon zum Moore'schen Gesetz von der Verdoppelung der Komplexität integrierter Schaltkreise alle ein bis zwei Jahre. Damit ist auch das entscheidende Dilemma markiert: Unsere organische Beschaffenheit setzt der fortschreitenden Vervollkommnung Grenzen – die Zahl der Synapsen in unserem Hirn, die Geschwindigkeit der Reizübertragung. Wir erleben es schmerzhaft. Ohne Kenntnis früherer Schachpartien schlägt die KI AlphaZero jeden Großmeister der Welt. Es ist nur eine Frage der Zeit, bis alle unsere Maschinen schneller und besser sind als wir.

Zeigt das Beispiel AlphaZero, dass der Vervollkommnungstrieb schon übergesprungen ist? Grundsätzlich gibt es zwei Möglichkeiten, die Übertragung unseres Strebens nach Perfektion auf eine künstliche Intelligenz darzustellen: als autonome Maschinenkreativität oder als Mensch-Maschine-Interface. Der augmentierte Mensch – von lat. ›augmentare‹, ›fördern, vermehren‹ – ist vielfältig denkbar, etwa ergänzt um widerstandsfähige Exoskelette oder sogenannte Wearables, desgleichen auch in Symbiose mit KI, die ihm bei der Entscheidungsfindung hilft.

Hararis Schlussstein, die kommende Weltanschauung des Dataismus, vereint die totale Verfügbarkeit von Informationen mit totaler Rationalität. Es wird keinen Kenntnismangel und keine Fehler mehr geben; alle Entscheidungen werden vernünftig sein. Da der Mensch mit seiner begrenzten Erfassungs- und Speicherkapazität dazu nicht in der Lage ist, landet er im Wettstreit mit der sich selbst perfektionierenden KI auf Platz zwei der Intelligenz-Hackordnung.

Harari suggeriert, dieses Schicksal sei unabwendbar. Der Vervollkommnungstrieb, seit dem Ade an die äffische Verwandtschaft in uns am Werk, ist stärker als wir. Wir sind sein Wirtstier. Satanisch perfide hat er uns weisgemacht, wir seien auch die Entscheider. Und naiv wie wir sind, sind wir darauf hereingefallen. Dieselbe Naivität verführt uns zum letzten, wohl endgültig existentiellen Risiko: der Übertragung des Vervollkommnungstriebs an die künstliche Intelligenz. Nicht ohne Grund schließt Hararis Buch mit dem Schreckgespenst einer menschengemachten Maschine, die mehr über uns weiß als wir selbst.

* * *

Aber ist es unumgänglich, dass wir den Menschen auf eine Zusammenballung von Algorithmen reduzieren? Sind wir notwendig dazu verdammt, uns von Maschinen herumkommandieren zu lassen? Dass die ersten *Homo*-Entwürfe versagten, lag vielleicht nur daran, dass unsere Vorfahren sich zu früh auf den Weg gemacht, die Instinktwelt und ihre Sicherheiten zu früh verlassen haben. Wie ein Kind, das von zu Hause fortläuft und im nächsten Wald dem Wolf zum Opfer fällt. Oder einem bösen Mitmenschen. Vielleicht war es erst *Homo sapiens* vergönnt, wirklich überlebensfähig zu sein. Vor 300 000 Jahren, mit seiner entwickelten Sozialkultur, seiner Sprache, seinen Waffen und Instrumenten. Der Mensch muss auch kein Wirtstier des Strebens nach Vollkommenheit sein. Vielleicht ist er einfach ein behinderter Affe, der seine Nacktheit, seine mangelnde Körperkraft und den Verlust seiner Instinkte durch Intelligenzleistungen wettmachen muss.

Im 21. Jahrhundert steht dieser behinderte Affe vor Veränderungen, denen keine seiner Erfahrungen gewachsen ist. Durchschnittstemperaturen von bis zu sechs Grad unter den heutigen waren in den letzten 300 000 Jahren an der Tagesordnung. Vor rund 70 000 Jahren muss es vorübergehend sogar deutlich kälter gewesen sein. Es war auch schon wärmer, ähnlich wie heute, jeweils wenige Tausend Jahre lang. Doch anhaltende Phasen mit Temperaturen von deutlich über zwei Grad gemessen am Jahr 1800 gab es im Pleistozän, das heißt in den vergangenen 2,6 Millionen Jahren, nicht.[207] Und noch etwas: Nie zuvor stand die Welt vor der Aufgabe, die Nahrungsgrundlage für eine Spezies von etwa 500 Millionen Tonnen Biomasse unter Bedingungen rapider Erwärmung bereitzustellen. Etwa 500 Millionen Tonnen Biomasse – das entspricht den acht oder mehr Milliarden Individuen der Spezies *Homo sapiens*.

Dem Planeten sind wir egal. Die Natur findet immer ein Gleichgewicht. Sie braucht uns nicht. Neue Arten nehmen den

---

[207] Kemp et al., Climate Endgame.

Platz der ausgestorbenen ein. Auch das Bild von der geliehe-
nen Erde, die angeblich unseren Kindern und Kindeskindern
gehört, steht mit beiden Beinen in der anthropozentrischen
Tradition. Leihe setzt Besitz voraus. Der Mensch, den jede an-
ständige Orkanböe fünf Meter durch die Luft wirbelt, hat die
Erde nie besessen.

Panik, Fatalismus oder das Greinen vom Weltuntergang helfen
ebenso wenig wie das Feldgeschrei der Erzoptimisten: »Nicht
verzweifeln! Wir schaffen das! Alles wird gut!« Weder lautes
Pfeifen im Wald noch der Traum von Wunderwaffen hält die
Veränderungen auf. Wer zum Scheitern zu stolz ist, geht einen
dritten Weg: Akzeptanz und Widerstand zugleich. Akzeptanz
erfordert, Abschied zu nehmen, das Alte hinter sich zu lassen.
Vor allem, sich nicht an den Traum von Wachstum und Schlaraffenland zu klammern, von der grenzenlosen Autonomie und
dem Wohlstand für mich oder für alle.

Und Widerstand? Wir werden die Welt nicht retten, und wir
müssen die Welt retten. Das klingt paradoxer, als es ist. Gemeint
sind unterschiedliche Welten. Die eine ist die Lebenswelt der
Kohlenstoffzivilisation, unser Alltag, das Vertraute, Gewohnte.
Die andere ist die Welt als Existenzgrundlage. Von der einen
werden wir Abschied nehmen müssen. Die andere ist wirklich
jene, die es unseren Kindern und Kindeskindern zu erhalten
gilt. Wir haben uns also der Kunst zu widmen, bereit zu sein.
Kaum etwas wäre eine größere Herausforderung.

Kriton: Aber ich glaube, mein Sokrates, die Sonne steht noch
über den Bergen und ist noch nicht untergegangen. Auch weiß
ich, dass andere erst lange nach geschehener Ankündigung
den Trank nahmen, nachdem sie sich zuvor noch mit Essen
und Trinken gütlich getan, ja einige sogar auch noch mit Frau-
en zusammen waren, nach denen sie verlangten. Also dränge
nicht; es hat noch Zeit.
Sokrates: Wenn die, von denen du redest, mein Kriton, so
handeln, so haben sie dazu ihren guten Grund; sie glauben

nämlich einen Vorteil davon zu haben, wenn sie so handeln;
und ich meinerseits glaube ebenso guten Grund zu haben,
nicht so zu handeln; denn wenn ich ein wenig später den
Trank nehme, glaube ich dadurch nichts zu gewinnen, sondern mich nur vor mir selbst lächerlich zu machen, wenn ich
so begierig am Leben hänge und da spare, wo nichts mehr
vorhanden ist.[208]

Bereitschaft hat mit Loslassen-Können zu tun. Sie ist scharf zu
trennen vom Loslassen-*Wollen* des Mönchs, der freiwillig in ein
asketisches Leben eintritt. Sokrates suchte den Tod nicht – er
wurde verurteilt. Er hatte keine Wahl; seine Größe lag in der Souveränität der Hinnahme und Hingabe.
Was können wir von Sokrates lernen? Die Zukunft bringt tiefgreifende, disruptive und irreversible Veränderungen. Ein Zurück – da können die Optimisten an Argumenten auffahren, was
sie wollen – ist so unwahrscheinlich wie Einhörner. Wir haben
nur die Wahl: loslassen oder klammern.
Wer dafür wirbt, die Veränderungen hinzunehmen, sieht sich
rasch dem Vorwurf des Fatalismus ausgesetzt. Bereitschaft wird
mit Nichtstun gleichgesetzt. Die Hände im Schoß. Es ist ein
Totschlagargument in den Händen derer, die nicht wahrhaben
wollen. Das vermeintliche Nichtstun provoziert die Aktionis-
ten in ihrer Lebenslüge: Wenn wir jetzt rasch und nachhaltig
handeln, werden wir des Wandels noch Herr. Aber viel hilft nur
dann viel, wenn auch viel geholfen wird. Dazu fehlt das ›Wir‹ der
Menschheit, der acht Milliarden. In ihrer Mehrheit bleiben sie
der Kohlenstoffzivilisation treu.
Aktionismus hat noch einen weiteren Effekt: Es gibt keine bessere Ablenkungsstrategie. Man wählt kleinräumige Etappenziele,
die alle Aufmerksamkeit binden. Ein Beispiel: Bis 2020 sank der
deutsche CO_2-Ausstoß um 41 Prozent gegenüber 1990. Das Ziel

---

[208] Otto Apelt (Hg.): *Platons Dialog* Phaidon oder Über die Unsterblichkeit der
Seele, Leipzig 1913, S. 131.

von 40 Prozent wurde sogar übertroffen.[209] Ein Sieg für den Klimaschutz? Dass die globalen Emissionen im selben Zeitraum um zwei Drittel stiegen, fällt unter den Tisch. Die Wahrheit verdirbt nur die Laune.

Die Klimaretter werden scheitern. Gestehen sie sich das ein, oder geraten sie unter die Hufe der brüllenden, vom Schrei des Pan erschreckten Herde? Wo werden sie ihr Heil suchen? In theatralischer Selbsterlösung, wie die Klima-Kleber auf deutschen Autobahnen? In kollektiver Depression, in endzeitlicher Ekstase?

Das Akzeptieren des Unausweichlichen wird zur Voraussetzung dafür, ihm gewachsen zu sein. Im vorliegenden Kontext geht es um das Akzeptieren einer Prognose: Im 21. Jahrhundert geht unsere Welt disruptiven und irreversiblen Veränderungen entgegen. Was bedeutet das konkret?

Politische Polarisierung, Stärkung der Extreme, Schwund des gesellschaftlichen Zusammenhalts. Exporteinbrüche, Protektionismus, Steuerausfälle, Niedergang der Infrastruktur. Exodus der Reichen und Fast-Reichen. Unterbrechung der internationalen Handels- und Wertschöpfungsstrukturen, Zerfall der geopolitischen Ordnung. Kulturelle Parallelgesellschaften, Gettoisierung und teilweise Unregierbarkeit der Städte, Ohnmacht staatlicher Sicherheitsorgane. Soziale Einschnitte bis hin zum Kollaps staatlicher Sozialsysteme. Spätestens in der zweiten Jahrhunderthälfte massive Ernährungsprobleme in den Tropen und Subtropen, steil ansteigender Migrationsdruck aus den Regionen südlich der Sahara. Europäische Binnenflucht, ausgelöst durch wirtschaftliches Minuswachstum, die Folgen der Erwärmung und kulturelle Konflikte.

Ein unkontrollierbares ›Es‹ begleitet unsere Existenz, treibt den Wandel, die Veränderung, all das, was wir nicht wollen. ›Es‹ steht

---

209 Bundesministerium für Wirtschaft und Klimaschutz: Finale Klimabilanz 2020. Emissionen sanken um 41 Prozent gegenüber 1990, Pressemitteilung, 20.1.2022, BMWK.de.

für ein Drittes, für ein Agens in Räumen, die unserer Macht entzogen sind. Die Bereitschaft, dieses ›Es‹ zu akzeptieren, wird zum Gebot der Weisheit. Der gläubige Mensch mag es im Jenseits verorten, doch das ›Es‹ bedarf keiner Transzendenz. Der Hinweis auf die physikalische Natur, auf die Energien, in die wir eingebunden, deren körperlicher Teil wir sind, genügt. Nichts anderes hat Amitav Ghosh im Sinn, wenn er vom Sich-Regen der Natur nach einer langen Phase stiller Duldung spricht. Ernst Jünger entwickelte diesen Gedanken in zwei Gesprächen 1969 und 1981:

> *Jünger:* Die Schlange taucht offensichtlich nicht zufällig immer wieder in meinem Werk auf, denn ich glaube, dass sich heute die Macht der Erde erneut offenbart. Wir nähern uns wieder einem Zeitalter, in dem die Erde sich zu regen beginnt.
> *Lebeer:* Wollen Sie damit sagen, dass der Mensch, geschwächt durch den Positivismus und den technischen Fortschritt, zur Erde zurückkehrt?
> *Jünger:* Nein, ich sehe diese Entwicklung überhaupt nicht vom Menschen ausgehend, sondern von der Erde. Es gibt neue Schübe, die sich vorbereiten. [...] Man muss einmal mehr mit einer Erneuerung rechnen, in der der Mensch nur eine ausführende Funktion hat. Was er scheinbar von sich aus tut, wird ihm im Grunde genommen diktiert, aber das weiß er nicht.[210]

An anderer Stelle argumentiert Jünger gegen Oswald Spengler:

> [Spengler] dachte weiterhin in Begriffen der Geschichte. Wir erleben in diesem Augenblick keine Weltrevolution, sondern eine geophysische Revolution. Die Ökologen

---

210 Irmelin Lebeer: Ernst Jünger. »J'adhère à ce que veut la terre«, *La Quinzaine littéraire*, 1969, zit. n. Rainer Barbey und Thomas Petraschka: *Ernst Jünger. Gespräche im Weltstaat. Interviews und Dialoge 1929–1997*, Stuttgart 2019, S. 114 f.

fühlen das. Es sind nicht mehr geschichtliche Ereignisse, die sich vorbereiten, sondern geologische Mutationen, das Meer und die Luft verändern sich. All das ist, gemessen an der menschlichen Geschichte, gänzlich neu und fremd.[211]

Gänzlich neu und fremd. Man kann den gesunden Menschenverstand rekrutieren oder, wie John Foster, einen Syllogismus formulieren – im Ergebnis läuft es auf dasselbe hinaus. Gewissen Veränderungen kommen wir nicht bei. Es ist besser, sie auszuhalten.

Seit dem Ende der Würm-Kaltzeit vor 12 000 Jahren ist die gegenwärtige Erwärmung die erste von der Gesamtheit aller Individuen unserer Spezies bewusst wahrgenommene Veränderung. Dabei wirkt sie regional durchaus unterschiedlich. Die konkreten Veränderungen an jedem einzelnen Ort hängen von der Wechselwirkung der Wetterphänomene, der Ernährungslage, der Wasserversorgung, der Bevölkerungsdichte und des Migrationsgeschehens ab.

Am besten haben es die Milliardäre: Sie fliegen mit dem Hubschrauber auf ihre Megayachten und manövrieren in Reichweite befreundeter Kriegsmarinen. Die Klimazonen der Nordhalbkugel werden eindeutig bevorteilt sein. Im Alltag der meisten Europäer und Nordamerikaner dürften die Wanderungsbewegungen aus dem Süden einschneidender sein als die Folgen der Erwärmung. Zu den Verlierern gehören die tropischen und subtropischen Gebiete. Der Dürresommer 2022 hat eine Idee davon vermittelt.

Zur Zeitenwende lebten vielleicht 200 Millionen Menschen auf dem Planeten. Um 1800 waren es eine Milliarde. Seither schießt die Wachstumskurve fast senkrecht in schwindelnde Höhen. Ähnliche Kurven finden sich überall: die Menge der Kraftfahrzeuge, die zurückgelegten Flugkilometer, der Fleischkonsum in Kilogramm. In einigen entwickelten Ländern flachen die Kurven bereits

211 Jacques Le Rider: Entretien avec Ernst Jünger, *Repères. Revue romande*, 1982, zit. n. Barbey und Petraschka, *Ernst Jünger*, S. 163.

wieder ab. Global gesehen ist das – noch – anders. Wer den Mut hat, zu Ende zu denken, mag sich ausmalen, wie die Welt aussieht, wenn die Kurven kippen – wie der Aktienmarkt an einem schwarzen Börsentag. Die Zukunft hat das Zeug zum Ungeheuerlichen.

Eine beliebte Spielart des Verdrängens solcher Szenarien sind die Beschwichtigungen der Werbetreibenden, der Wirtschaft und der Politik. Nur nicht das Konsumglück stören: Ökologie und Ökonomie sind keine Widersprüche, Wohlstand und Klimaschutz schließen einander nicht aus, der technische Fortschritt wird allem gewachsen sein. Überhaupt: Wo aber Gefahr ist, wächst das Rettende auch. Die Grundfesten werden nicht erschüttert werden. Alles wird gut.

Doch weder Verzicht noch Klimaziele werden den globalen Ausstoß der Treibhausgase stoppen. Die Perspektive für das 21. Jahrhundert ist eindeutig:

- Mit Glück kratzen wir nur an der Drei-Grad-Welt.
- Mit Glück umschiffen wir die übelsten Klima-Kipppunkte.
- Mit Glück bleiben die Starkwindfelder, Monsune und Meeresströmungen halbwegs intakt.
- Mit Glück überlebt die Landwirtschaft in den Tropen und Subtropen.
- Mit Glück bekommen wir Epidemien und Resistenzen unter Kontrolle.
- Mit Glück lassen die Wanderungsbewegungen die Fortexistenz staatlicher Strukturen zu.

Noch etwas diktieren Vernunft und Weisheit: wenn das Schlimme schon unabwendbar ist, wenigstens das Allerschlimmste zu verhindern. Das Unabwendbare ist die Drei-Grad-Welt, das Allerschlimmste ist jeder Grad über vier. Mark Lynas hat die Varianten im Detail skizziert; den Fünf- und Sechs-Grad-Welten widmet er 48 Seiten, die nicht einmal mehr neugierig machen.[212]

---

212 Lynas, *Six Degrees*, S. 193 ff.

Bei fünf Grad Erderwärmung entsteht ein völlig neuer Planet – die Erde, wie wir sie heute kennen, wird weithin nicht wiederzuerkennen sein. Die restlichen Eisflächen beider Pole sind irgendwann verschwunden. Die Regenwälder sind bereits verbrannt. Die steigenden Meeresspiegel haben die Küstenstädte überflutet, der Ozean dringt in die Landmassen der Kontinente vor. Menschen leben zusammengepfercht in den durch Trockenheit und Überflutung weiter schrumpfenden bewohnbaren Regionen. Fernab der Meere liegen die Temperaturen um zehn und mehr Grad über den heutigen.[213]

Regional begrenzt gab es solche Ausreißer auch in der Vergangenheit, etwa die europäische Megadürre 1540 oder die nahöstliche Klima-Anomalie vor rund 4200 Jahren. Zwei Jahrhunderte lang lag eine tödliche Trockenheit über dem Zweistromland und Anatolien. Als der Regen wiederkam, waren drei Viertel der Siedlungen wüst gefallen, die Bevölkerung mancherorts auf zehn Prozent geschrumpft. Eine ganze Sprache war tot: das Sumerische.[214]
Kulturen sind zerbrechlich; nur eine dünne Elite kümmert sich. Da sollten wir die Gegenwart nicht überschätzen. Die Formen haben sich gewandelt, die Namen sowieso, doch kaum die Substanz. Kultur ist vergegenwärtigte Vergangenheit, einem Staffellauf vergleichbar. Hapert es mit der Stabübergabe, beginnt das Vergessen. Zwei, drei Generationen Diskontinuität reichen, Traumata wie Kriegskatastrophen, Fremdherrschaft, Vertreibung oder Hungersnot. Irgendwann existieren ganze Zivilisationen nur noch in der Erinnerung. Die Statue Ramses' II. vor Augen, schrieb der englische Romantiker Percy Bysshe Shelley 1817:

Ein riesig Trümmerbild von Stein
Steht in der Wüste, rumpflos Bein an Bein,

213 Ebd., S. 193.
214 Erica Ho: 200-Year Drought May Have Caused Death of Sumerian Language, Newsfeed.Time.com, 10.12.2012.

Das Haupt daneben, halb verdeckt vom Sand.
[...]
Nichts weiter blieb. Ein Bild von düstrem Grame,
Dehnt um die Trümmer endlos, kahl, eintönig
Die Wüste sich, die den Koloss begräbt.[215]

Wir werden nur mit einer Doppelstrategie überleben: Anpassung an die Veränderungen und Begrenzung der Veränderungen. Der Kampf gegen die Vier- oder die Fünf-Grad-Welt ist durchaus zu gewinnen. Vor allem ist es notwendig, den Menschen die Wahrheit zu sagen. Die Wirklichkeit zu kommunizieren, reale Ziele zu definieren – statt ihnen vorzugaukeln, alles wäre nur halb so wild und unter Kontrolle. Wenn es ums Überleben geht, wird *Homo sapiens* sowieso jeden Stein umdrehen, jeden Pfad begehen, jeden Brückenschlag versuchen. Alles wird zum Einsatz kommen: Kernspaltung und Kernfusion, Gentechnik, KI, Geo-Engineering, Cyborg und der augmentierte Mensch. Alles, was nur halbwegs Hoffnung weckt. Grenzen und Vorbehalte, die vergangene Generationen noch in Banden hielten, ob moralisch, ethisch oder religiös, werden bedeutungslos, wenn erst das Ganze auf des Messers Schneide steht.

Dann entstehen die Übermenschen: genetisch perfektionierte Superhelden mit stimulierten Gehirnen, einem hochgetunten High-Tech-Kreislauf, zusätzlichen Organen und einer nie zuvor erreichten Lebenserwartung. Künstliche Intelligenz sorgt für die grundlegende Umwälzung der Lebens- und Arbeitswelt. Die Evolution gebiert den Homo optimus, der die Grenzen dessen sprengt, was bislang den Begriff unserer Gattung definierte.

Technik und Fortschritt werden der Perfektionierung des Robo-Menschen dienstverpflichtet. Und der Humanismus? Oder auch nur der Protohumanismus der großen und kleinen Religionen? Wer braucht sie noch, wenn die totale Vernunft re-

---

[215] Percy Bysshe Shelley: Ozymandias, *Ausgewählte Dichtungen 2*, Hildburghausen 1866 [1818], S. 143.

giert, gespeist aus der totalen Verfügbarkeit von Informationen? Ihr Schicksal wird das des Sumerischen vor 4 000 Jahren.

Die Denkansätze sind krass: Der Großteil aller Menschen kämpft ums nackte Überleben, derweil eine winzige Techno-Elite den Homo optimus erschafft. Stille und einflussreiche Strategen, die ihr Wissen keiner Öffentlichkeit kundtun, haben längst sichergestellt, dass ihre Labore und Institute auch in der Drei-Grad-Welt noch arbeitsfähig sind.

Zukunftsmusik? Wahnsinn? Stoff für Fantasy-Romane? Wenn Harari recht hat und der Mensch kaum mehr ist als ein Wirtstier der Algorithmenzucht, wird der cyborgische Übermensch Realität – vielleicht der nächste Epochenschritt nach der neolithischen Revolution. Und wir? Erwartet uns das Schicksal des *Homo neanderthalensis*, entsorgt von der überlegenen Verwandtschaft? Oder werden Homo optimus und *Homo sapiens* nebeneinander existieren, besser wohl unter- und übereinander? Kommt es zur Koexistenz biologischer Kasten?[216]

Vielleicht erfüllt sich dann auch der Traum vom Menschheitssouverän in Gestalt einer Weltelite optimierter Robo-Menschen, grenzenlos vernunftgesteuerter Superhelden, die ihren tiernahen Verwandten effektive Grenzen setzen: Reproduktion, Konsum, Ressourcenverbrauch, Emissionen und so fort. Damit wäre der letzte schwerwiegende Mangel der Evolutionslinie *Homo* eingehegt: die Fähigkeit (und Neigung) zu unkontrolliertem Freiheitsgebrauch.

Bezeichnenderweise war es ein Literat, kein Wissenschaftler, der das Unheimliche mit dem Bild der aufbegehrenden Natur verknüpft. Einer Natur, die sich wehrt und um sich schlägt. Amitav Ghoshs Buch erschien im selben Jahr wie Homo Deus, 2016, einem der zehn wärmsten im Holozän. Ghosh bedient sich im Fundus der Fiktion. Der Geschichtenerzähler thematisiert das

---

216 Yuval Noah Harari: *Homo Deus. Eine Geschichte von Morgen*, München 2017, S. 404.

Bewusstsein in der Grauzone zwischen vertrauter Realität und schleichender Veränderung.

Damit eine Bedrohung die Bezeichnung ›Herausforderung‹ verdient, muss es möglich sein, ihr halbwegs wirksam zu begegnen. Ein Brand im Dachstuhl ist beherrschbar; von der Feuerpatsche bis zum Notruf der Feuerwehr sind die Schritte bekannt und durchgespielt. Wenn aber nicht nur der Dachstuhl brennt, sondern zugleich der nahe Fluss über die Ufer tritt, das Wasser im Erdgeschoss steht und auf der Straße vor dem Haus Menschen in einem halb überfluteten Auto um Hilfe schreien – dann droht der Kollaps. Das Dach brennt nieder, das Wasser steigt, die Menschen ertrinken. Wer in einer solchen Lage Prioritäten setzen kann und wenigstens die Menschen rettet, gilt zu Recht als Held.

Jedes System, auch der menschliche Körper, lebt vom Gleichgewicht seiner Teile. Wird es über die Maßen gestört, kommt es zu einer Systemkrise. Eine harmlose Infektion kann eine Sepsis nach sich ziehen, gefolgt von Organversagen und einem raschen Tod. Das ausbalancierte System ist genau das Vertraute, von dem Amitav Ghosh und Sigmund Freud sprechen: das Dach über dem Kopf, das stille Flüsschen im Tal, die Niederschläge im Jahreslauf, die Gesetze des Staates und die Sitten der Menschen – kurz das gewohnte Maß in Friedenszeiten. Da kann auch mal der Dachstuhl brennen – die Versicherung zahlt.

Doch das Vertraute schwindet. Nichts anderes macht das Jahrhundert so unheimlich. Die Auseinandersetzungen, wie darauf zu reagieren sei, sind längst im Gange. Nirgends ist der Diskurs so heiß und heftig wie beim Klima und der Migration. Die Fremden sind fremd, da beißt die Maus keinen Faden ab. Die Regierung setzt alles daran, das Miteinander friedlich zu gestalten – doch geht es ohne Macht- und Verteilungskämpfe ab? Die Bevölkerung in den Zielländern, Autochthone und Altzugewandte, schrumpft. Wenn die Neuankömmlinge erfassen, wie sehr die Zeit ihnen gehört, werden sie auch nach dem Übrigen greifen. Und wenn die Alteingesessenen erfassen, wie verloren ihr Posten ist, verteidigen sie ihn auch mit Gewalt. Konflikte sind programmiert, der »Kampf der Kulturen« ist eine reale Option. Man muss schon sehr an die Gutartigkeit der menschlichen Natur glauben, um das zu verkennen.

* * *

Besitzen wir eine Vorstellung von Europa 2050? Allenfalls von etwas Unheimlichem. Wird die Gesellschaft in einem Vierteljahrhundert noch so homogen sein, dass sie demokratische Entscheidungen treffen und umsetzen kann? Oder führt der Veränderungsdruck auch bei uns zu autoritären Verhältnissen?

2050 ist ein passendes Datum, gut 100 Jahre nach dem letzten Weltkrieg, 200 Jahre nach der ersten deutschen Revolution, 300 Jahre nach den Schlesischen Kriegen. Die Ereignisse vermitteln eine Vorstellung von den Zeiträumen. Vier Generationen verändern die Welt, auch wenn den Hundertjährigen ihre eigene Kindheit noch vor Augen steht.

2050 wird man sich von den Babyboomern Geschichten erzählen. Die beginnen mit »Es war einmal ... «. Nicht nur Kinderaugen werden leuchten: Geschichten aus der grenzenlosen Schengen-Welt, von unbeschwerten Urlauben am Mittelmeer und in Südostasien, von Wohlstand und Wohlfahrt, von reichen Staaten und vollen Kassen.

Bis 2050 wird es auch richtig warm. Die Welt wird nicht mehr wissen, wie sie der Probleme Herr werden soll. Besonders südlich der Sahara, wo in den nächsten dreißig Jahren noch eine zusätzliche Milliarde Menschen geboren wird. So viele werden fliehen wollen, nur fort, egal wohin.

Wie werden wir uns in den Jahrzehnten bis dahin positionieren? Vom Nicht-wahrhaben-Wollen war schon die Rede. Das betrifft alle, die glauben, die Welt wäre mach- und steuerbar: politische Ordnung, Migration, Klima, Nahrungsmittelproduktion. Derweil

beginnt die Mehrheit zu begreifen (auch wenn sie es ungern ein-
gesteht): Die fetten Jahrzehnte sind vorüber, die Erwärmung ist
real, es werden immer mehr Fremde kommen, und auf den Staat
zu bauen heißt, auf Sand zu bauen. Je ernster man diese Mehrheit
nimmt, je ehrlicher man ihr die Wahrheit sagt, desto eher wird
sie mit anpacken, um wenigstens das Schlimmste zu verhindern.
Und das Schlimmste sind die Vier- oder Fünf-Grad-Welten: Zusammenbruch der staatlichen Ordnung, Zusammenbruch der
Lebensbedingungen, »Kampf der Kulturen« an jeder Straßenecke.

Wer 1,5- oder 2-Grad-Ziele als realistisch verkauft, wer den
Menschen weismacht, sie bräuchten nur ihren Lebensstil zu ändern und ihre Lebensumstände würden intakt bleiben, wer behauptet, ökonomische und ökologische Maximierung seien miteinander vereinbar und ein nachhaltiger Kapitalismus möglich,
beleidigt den Verstand.

Es ist bereits angeklungen: Der Mensch wird ohnehin jede
Brücke, jeden Weg und jeden Steg begehen. Kein moralischer
oder religiöser Einwand, kein Protest, kein Zweifel und keine
Skrupel werden uns bremsen, wenn es ums Überleben geht.
Der cyborgische Robo-Mensch wird dazugehören, die Projekte
der Geo- und Klima-Ingenieure, der Genetiker und anderer Wis-
senschaften, auch Kernspaltung und Kernfusion. Alles wird auf
dem Prüfstand landen, und nicht nur ein- oder zweimal. Der Zukunft aus dem Hier und Heute heraus Ratschläge erteilen zu wollen wäre ebenso sinnlos wie in den Wind gesprochen.

Zum Abschluss sollten wir einem anderen Gedanken den
Vortritt lassen: Muss unser künftiger Homo Deus wirklich
der augmentierte Robo-Mensch sein, dieses Zerrbild eines
Marvel-Superhelden, der doch nur eine Karikatur unserer All-
machtswünsche ist? Vielleicht ist Homo Deus ja ein ganz anderer, vielleicht ist er ein wirklich neuer Neuer Mensch. Nicht der
Neue Mensch der Ideologien des 20. Jahrhunderts. Auch nicht
der cyborgische Übermensch aus Yuval Noah Hararis Fantasie.
Dieser neue Neue Mensch wäre kein KI-gepeppter Homo opti-

mus, auch kein Sklave perfektionierter Algorithmen. Man muss ihn sich als Quantensprung denken, als Menschen, der real in die Verantwortung seines Schöpfers tritt.

Mit der Kohlenstoffwirtschaft endet im, sagen wir, 22. oder 23. Jahrhundert auch das erste Industriezeitalter. So wie die Antike abgelöst wurde und das Mittelalter und der Feudalismus. Und mit der Kohlenstoffwirtschaft verschwindet das System, das mit diesem Industriezeitalter begann und mit ihm enden wird: der Kapitalismus.

Um Missverständnissen vorzubeugen: Marktwirtschaft gibt es seit der Jungsteinzeit, den modernen Kapitalismus seit wenigen Hundert Jahren. Die ersten Kapitalgesellschaften entstanden um 1600; sie finanzierten die Ausbeutung der Neuen Welt. Sie waren der Auftakt für eine Reihe von Varianten, vom Manchester- und Raubtierkapitalismus bis zum Staatskapitalismus der kommunistischen Planwirtschaften, dazwischen die soziale Marktwirtschaft der deutschen Bundesrepublik. Ihre Markenzeichen unterscheiden sich nur in den Nuancen: Maximierung, Ausbeutung, Entfremdung.

Diesen modernen Kapitalismus begleiten Hass und Liebe seit den Anfängen. Unter seinen Gegnern sind Katholiken und Kommunisten; sein Niedergang wäre ein Triumph der Reaktionäre von links und rechts. So wie es aussieht, werden sie irgendwann frohlocken.

Doch der Kapitalismus erliegt nicht dem Ansturm seiner Gegner. Er stirbt am Verlust seiner Geschäftsgrundlage. An sich selbst. Aus fossiler Verbrennung, Überbevölkerung und Globalisierung hat er sein Leichentuch gewebt. Die exponentiellen Kurven, von denen die Rede war (Weltbevölkerung, Flugkilometer, Automobile, Kühlschränke etc.), werden kupiert. Nach einer 200-jährigen Bullenphase globaler volkswirtschaftlicher Expansion dreht sich der Markt.

Hararis Homo Deus ist ein Demiurg, ein grober Erbauer intelligentester Maschinen, die uns bei erster Gelegenheit zu ihrem Ersatzteillager machen. Nein, der wahre Homo Deus – der,

der diesen Namen verdient – wird sich anhand eines Begriffs definieren, der tief verschüttet unter dem Geröll des zynischen Zeitgeists liegt: ›Sittlichkeit‹. Das Wort provoziert mitleidiges Lächeln. Aber den Hohnlachern sei ins Gesicht gesprochen: Macht euch nur lustig! Es geht wirklich um einen Menschen, der zugleich Schöpfung ist und den Schöpfer vertritt.

Um das zu begreifen, um uns überhaupt die irgendwann aufgehende neue Epoche zu vergegenwärtigen, benötigen wir eine Vorstellung von den traumatischen Erfahrungen auf dem Weg dorthin. Die exponentiellen Kurven brechen, einige enden in freiem Fall. Jede Zeitenwende ist von Niedergang und Untergang begleitet. Vielleicht leben im 23. oder 24. Jahrhundert nur noch eine Milliarde Menschen auf der Welt, vielleicht weniger. Zwischenzeitlich gibt es keine schönen Bilder.

Wenn die neue Zeit kommt, wird sie frei sein von Treibhausgas-Emissionen. Maximierung und Ausbeutung stehen nicht mehr im Mittelpunkt. Die Vier- oder Fünf-Grad-Welt wird es nicht geben. Im Rahmen der gegenwärtigen Zivilisation, angesichts des gegenwärtigen Menschen, ist das undenkbar. Aber haben wir den Glauben an unsere Veränderbarkeit verloren? Aus kollektiven Traumata, wenn sie an Dauer und Intensität bestimmte Schwellen übersteigen, wachsen wirksame Tabus. Bis zum 24. Jahrhundert sind es zehn Generationen; ähnlich viele trennen uns von der frühen Industriegesellschaft. Je nach den Erfahrungen dieser Generationen sollte vorstellbar sein, dass die Gattung als eine andere daraus hervorgeht. Warum unterschätzen wir uns? Der Mensch hat den Kannibalismus überwunden, warum sollte er nicht den Kapitalismus überwinden? Und damit einen Teil von sich.

Es gibt kein Rezept. Noch wirft die fremde, neue Zeit nicht einmal Schatten. Das unheimliche Jahrhundert – unser Jahrhundert – kündet nur vom Niedergang der alten Zeit. Den Generationen, die neu die Welt betreten, will es sagen: Macht euch frei. Von ihrer Bereitschaft dazu hängt das Überleben der

Gattung ab. Wir dürfen nicht glauben, dass wir den Cyborg-
Menschen brauchen, damit er über uns wacht. Darin liegt die
Herausforderung. Zivilisation besteht aus Schritten der Selbst-
beherrschung. Wer seinen Stolz verliert, wer sich den Schneid
abkaufen lässt, hat schon verloren.

Was bleibt, ist die Hoffnung. Sie allein transzendiert die Gegenwart, aus Sicht religiöser Menschen sogar die biologische
Existenz. Ihr Plus ist, gegen alle Unwahrscheinlichkeiten gefeit
zu sein; sie stirbt zuletzt. Im Gegensatz dazu steht der Optimismus. Er denkt die Zukunft aus der Gegenwart heraus. Optimismus ist das Crystal Meth der Tat- und Technikmenschen,
der Macher und Unbeirrten, das Lebenselixier der Wachstums-
gesellschaft. Mark Lynas, langjähriger Anti-Atom- und Umwelt-
aktivist und Autor des wiederholt zitierten Buches *Six Degrees*,
hat 2011 die Seiten gewechselt: von der impliziten Verzweiflung zum entschlossenen Optimismus der Geo- und Klima-
Ingenieure. Dem Klappentext seines Buches *The God Species* ist
nichts hinzuzufügen:

Die Natur beherrscht unseren Planeten nicht mehr – sondern wir. Die Menschheit, die »Gott-Spezies«, wird über die
Zukunft der Welt entscheiden.[217]

Seither propagiert Lynas die Lösungsvorschläge der Ökomodernisten. Die verstehen sich als Alternative zur etablierten Nachhaltigkeitsphilosophie. Im Zentrum steht die selbstbewusste
Verwendung des Begriffs ›Anthropozän‹ als Charakteristikum
der Gegenwart: »Wissen und Technologie, klug angewandt,
können ein gutes, wenn nicht sogar großartiges Anthropozän
ermöglichen.«[218]

Die Ökomodernisten setzen auf die Entflechtung von Natur und Menschenwelt, eine Trennung, die sie »decoupling«

217 Lynas, *The God Species*.
218 John Asafu-Adjaye et al.: Ein ökomodernes Manifest, ecomodernism.org/
deutsch, April 2015.

nennen. Der Mensch soll sich aus der Natur zurückziehen. Er soll in Kreisläufen wirtschaften, die Umwelt und Klima so wenig wie möglich belasten. Konkret bedeutet das konsequente Urbanisierung, eine maximale Intensivierung der Landwirtschaft, Kernspaltung und Kernfusion, Meerwasserentsalzung und Nutzung von Aquakulturen. Gemäß dem ökomodernistischen Ideal werden nur die Küstenzonen besiedelt; der Großteil der Kontinente bleibt vom Menschen unberührt.

In der Umweltbewegung stoßen Ökomodernisten wie Lynas auf heftige Kritik.[219] Doch als Modell einer postapokalyptischen Zivilisation scheint die Vision tauglich. Aber wie soll diese Welt entstehen? Die Ökomodernisten skizzieren ein Ziel, ohne den Weg zu weisen; ihr Optimismus ist bodenlos. Wenigstens sind sie den Klimarettern voraus. Die träumen immer noch von der Nachhaltigkeit. John Foster nennt das Phänomen »willed optimism«. Konfrontiert mit einer unleugbaren Wahrheit und der tief verwurzelten Sehnsucht, sie zu leugnen, retten wir uns in ein grenzenloses Alles-wird-gut.

> Hat man den teuflischen Syllogismus erst einmal erkannt, führt Optimismus in die Irre. Sobald man begreift, dass es keine umfassende, entschiedene und sofortige Veränderung der Gesellschaft in Richtung Nachhaltigkeit mit erneuerbaren Energien und Konsumverzicht geben wird – der alte grüne Traum unter frischem, technologischem Lack –, ist Optimismus gleichbedeutend mit der Anmaßung des Menschen, mit Technologie Gott zu spielen.[220]

Optimismus und Verzweiflung wurzeln in derselben Verkennung. Nur die Bereitschaft, der Zukunft ins Auge zu sehen, ermöglicht das Überleben. Wie die Verzweiflung sich ankündigt, spüren wir

---

[219] Will Storr: Mark Lynas. Truth, Treachery and GM Food, TheGuardian.com, 9.3.2013.
[220] Foster, *After Sustainability*, S. 17.

bereits. Das Unheimliche betritt unseren Alltag: ein Staat, der hier autoritär auftritt und sich dort zurückzieht, Wetteranomalien und ihre Folgen, der Zerfall in Parallelgesellschaften, Pandemien, neue Stufen der Gewalt ...

Es wird keine weiche Landung geben. Die Melancholie einer solchen Erkenntnis reicht ins Ästhetische hinein – wie überhaupt die Melancholie den Niedergang der Epochen begleitet. Von dem, was uns vertraut und selbstverständlich war, wird nicht viel bleiben: Gewissheiten, Freiheiten, Privilegien, Bequemlichkeiten, Rechte. Ob es gelingen wird, die Vier-Grad-Schwelle nicht zu überschreiten? Davon hängt alles ab. Wir wissen nicht, wie das Leben im 23. oder 24. Jahrhundert aussieht. Kapitalismus und fossile Industriegesellschaft werden Geschichte sein. Wie gesagt, vielleicht gibt es nur noch eine Milliarde Menschen auf der Welt, so wie um 1800. Vielleicht weniger. Die Frage wurde schon gestellt: Wird das die Menschheit schmälern?

Noch in diesem Jahrhundert wird Westeuropa nicht wiederzuerkennen sein, nicht im Straßenbild, nicht in den ökonomischen Verhältnissen, nicht im kulturellen Selbstverständnis. Das ist nur der Anfang. Neugierig macht eigentlich das Danach. Schließlich hat die Hoffnung einen Namen: dass es weitergeht. Auferstehend aus Ruinen formt sich eine neue Zivilisation in einer mindestens drei Grad wärmeren Welt. Bewohnbare Gebiete bleiben, in den gemäßigten Zonen allemal – doch die Ressourcen ernähren nur eine begrenzte Zahl. Fassungslos werden künftige Generationen fragen: Acht Milliarden gleichzeitig? Undenkbar!

Eine neue Ära entsteigt dann der Asche. Vielleicht wird Plankton zum Grundnahrungsmittel. Milliardäre leisten sich Lammkoteletts. Vielleicht verwirklicht sich die Utopie der Ökomodernisten: Städte auf den Dächern unterirdischer Fusionskraftwerke, an Küsten gelegen, in deren Häfen wie vor tausend Jahren der Handel blüht. Das Innere der Kontinente gehört der Natur. Out of bounds. Gereist wird nur noch bis ans Ende der Nacht, und das Herz der Finsternis schlägt neuen Göttern. Vielleicht gibt es Schafe und Schäfer und genügsame Asketen an

hohen Alpenhängen ohne Eis und Schnee. Die Hoffnung überlebt gewiss. Es wird auch Bücher geben, oder doch zumindest
Sätze daraus.

> Betrachtet den Himmel. Fragt euch: »Hat das Schaf die
> Blume gefressen oder nicht?« Und ihr werdet sehen, wie
> sich alles verändert ... Und kein Erwachsener wird je ver-
> stehen, wie unheimlich wichtig das ist![221]

---

[221] Antoine de Saint-Exupéry, *Der kleine Prinz*, Köln 2015 [1943], S. 92.

THOMAS FASBENDER, geboren 1957, aufgewachsen in Hamburg, hat in Philosophie promoviert und von 1992 bis 2015 in Russland gelebt. Im Manuscriptum Verlag sind von ihm erschienen: *Freiheit statt Demokratie. Russlands Weg und die Illusionen des Westens* (2014) und *Wladimir W. Putin. Eine politische Biographie* (2022).

ISBN 978-3-948075-49-1
www.manuscriptum.de